からだが喜ぶ！

藤井恵のおうちご[illegible]ん

10年後、20年後も健康でいたいから

数年前、健康の要は腸内環境を整えること、
それには、ネバネバ食材、海藻、発酵食品、きのこを
もっととるべきという話を聞き、
食生活を見直して、4年がたちます。
いまでは家族全員、まったく便秘をしなくなり、
ぽっこりおなかの悩みも消え、
病院で傷口の治りが早いと驚かれる……。
腸がキレイになると、免疫力もアップすることを
ふと現れるからだの変化から実感しています。
年齢を重ねれば、だれでもからだの機能は低下します。
でも、食べることをきちんと見直すことで
それにストップはかけられるのです。
体によいかどうかを重視して、
私が実践している
〝からだが喜ぶごはん〟。
からだが内側からキレイになっていく
気持ちのよさを
感じていただければ幸いです。

健康食材が勢ぞろい
我が家の
朝ごはん

腸をキレイにするためには、ネバネバ食材、きのこ、海藻、発酵食品を、毎日食べること。いまでこそ、これら「腸活食材」は、食べなければ落ち着かないくらい習慣づいていますが、取り入れはじめた当初は、うっかり食べ忘れてしまうことがよくありました。そこで、１日１回、家族全員がそろう朝ごはんを、この腸活食材を全部食べる献立にしたところ、おなかは快調、おまけに腹持ちもよいと大好評。我が家の定番として定着しています。

am 7:00

1日のはじまりは／最強の朝ごはん

p.21
わかめの
梅おろしあえ

p.31
しば漬け納豆

p.15
オクラのごまあえ

p.29
ミックスきのこの
みそ汁

平日の朝は時間がないので、あえるだけ、のせるだけ、さっと煮るだけと簡単な料理にするのが毎日続ける秘訣です。野菜のおかず（p.71〜87）に置き換えたり、メインのおかず（p.37〜69）をプラスすれば、からだが喜ぶ夕ごはんの献立になります。

contents

この本のきまり

・材料表に「砂糖」とある場合はきび砂糖、塩は自然塩、豆乳は無調整豆乳を使用しています。
・大さじは15mℓ、小さじは5mℓ、1カップは200mℓです。
・塩少々は、親指と人差し指の指二本でつまんだ量で、小さじ1/8〜1/10（約0.5g）です。
・だしは、削り節と昆布の合わせだしか、市販の和風だしの素を袋の表示にしたがって使用してください。
・電子レンジの加熱時間は、600Wの場合の目安です。500Wなら1.2倍、700Wなら0.8倍を目安に加熱します。
・グリルは、両面焼きの魚焼きグリルを基準にしています。

Part I

からだの中から若返る！腸をキレイにするおかず

腸をキレイにする食材を積極的にとるようになって、
気になっていたからだの不調が、びっくりするほど解消されました。

いまでは家族全員、毎日おなかスッキリ、まさに快腸生活です。
腸内環境が整うと、便秘が解消されるだけでなく、

健康的にやせられたり、肌荒れがなくなったりと、
からだの内側からキレイになるのが実感できるはずです。

欠かせないのは
ネバネバ、海藻、
きのこ、発酵食品

我が家で毎日、欠かさず食べているのが、
オクラや長いもなどのネバネバ食材、
きのこ、わかめやひじきといった海藻、
そして発酵食品の納豆やキムチ、ヨーグルトです。
1日にネバネバ、海藻、発酵食品は、それぞれ50g、
きのこは50~100gを食べるようにしています。
不思議なことに、どれか1つだけをたくさん食べても、
おなかスッキリ効果はイマイチなんです。
この4つの食材をまんべんなくとることで
おたがいがうまく働き合って
腸内の善玉菌がふえたり、
腸の働きを活発にしたりと
効果を発揮するのだと実感しています。
野菜はまとめてゆでて、海藻は戻して
ストックして、すぐ使えるようにするのが
ラクに食べ続けるコツです。
まず2週間、この4つの食材を食べてください。
必ずからだの変化が実感できるはずです。

おなかスッキリにネバネバ食材は欠かせません。

ネバネバの正体は、ムチンという成分。腸内細菌のエサになるため、腸内環境を整えるのに役立ちます。生のほうがムチンの損失が少ないといわれますが、毎日食べ続けるにはおいしいことがいちばん。加熱による損失は気にせず、ゆでたり、煮たり、炒めたりしていただいています。なお、なめこはきのこですが、ぬめりの中にうまみ成分があるため、このパートに入れています。

長いもとたくあんのだしじょうゆかけ

材料と作り方（２人分）

長いも — 10cm
たくあん — 5cm
A　だし — 大さじ１
　　しょうゆ — 小さじ½

① 長いもは5cm長さのせん切りにする。たくあんは粗みじん切りにする。器に長いもとたくあんを盛り、混ぜ合わせたAをかける。

オクラの煮浸し

材料と作り方（２人分）

オクラ — 10本
A　しょうがのせん切り — １かけ分
　　だし — ½カップ
　　しょうゆ — 小さじ１
　　塩 — 小さじ¼

① オクラはへたとかたい部分をぐるりとむく。
② 小鍋にAを入れて中火にかけ、煮立ったらオクラを加えて4〜5分煮る。

ネバネバ野菜はゆでて保存

買ってきたらすぐにまとめてゆでて冷蔵保存しておくと食べ忘れがありません。そのままおいしく食べられるように、塩分2%くらいの濃いめの塩湯でゆでるのが私流。冷蔵庫で3〜4日保存可能です。

なめことときゅうりの甘酢あえ

材料と作り方（２人分）

なめこ ── １袋
きゅうり ── ２本
A │ 酢、だし ── 各大さじ２
　│ 砂糖 ── 大さじ½
　│ 塩、しょうゆ ── 各小さじ⅓

① なめこは熱湯でさっとゆで、ザルに上げて水気をきる。きゅうりはめん棒で叩いてひびを入れ、手でひと口大に割る。

② ボウルにAを入れて混ぜ、なめこ、きゅうりを加えてあえる。

オクラの梅あえ

材料と作り方（２人分）

オクラ ── 10本
梅干し ── １個
A │ しょうゆ、みりん ── 各小さじ½

① オクラはへたとかたい部分をぐるりとむく。塩少々（分量外）を入れた熱湯でゆで、ザルに上げ、斜め半分に切る。梅干しは種を除いて叩く。

② ボウルにA、梅干しを入れて混ぜ、オクラを加えてあえる。

オクラのごまあえ

材料と作り方（２人分）

オクラ ── 10本
A │ すり白ごま ── 大さじ１
　│ だし ── 大さじ１
　│ しょうゆ ── 小さじ½

① オクラはへたとかたい部分をぐるりとむく。塩少々（分量外）を入れた熱湯でゆで、ザルに上げ、小口切りにする。

② ボウルにAを入れて混ぜ、オクラを加えてあえる。

モロヘイヤのおかかあえ

材料と作り方（２人分）

モロヘイヤ ── １袋（100g）
A │ 削り節 ── １パック（３g）
　│ しょうゆ ── 小さじ１

① モロヘイヤはかたい茎を除いて塩少々（分量外）を入れた熱湯でゆで、ザルに上げ、粗熱が取れたら水気を絞ってざく切りにする。

② ボウルにモロヘイヤ、Aを入れてあえる。

つるむらさきと紫玉ねぎのサラダ

材料と作り方（２人分）

つるむらさき ── １袋（200g）
紫玉ねぎ ── 小½個
白ワインビネガー ── 大さじ１
A | オリーブオイル ── 大さじ１
  | 塩 ── 小さじ¼
粗びき黒こしょう ── 少々

① つるむらさきは葉と茎に分ける。塩少々（分量外）を入れた熱湯に茎、葉の順に入れてゆで、粗熱が取れたらザルに上げて水気をきる。葉はざく切り、茎は斜め薄切りにし、それぞれ水気を絞る。紫玉ねぎは薄切りにする。

② ボウルに紫玉ねぎ、白ワインビネガーを入れて１〜２分おき、つるむらさき、Aを加えてあえ、仕上げに粗びき黒こしょうをふる。

モロヘイヤの和風スープ

材料と作り方（２人分）

モロヘイヤ ── １袋（100g）
A | だし ── 1½カップ
  | しょうゆ ── 小さじ½
  | 塩 ── 小さじ⅓
粗びき赤唐辛子 ── 少々

① モロヘイヤはかたい茎を除いて、細かく刻む。

② 鍋にAを入れて中火にかけ、煮立ったらモロヘイヤを加えて弱火で１〜２分煮る。器に入れ、粗びき赤唐辛子をふる。

なめことオクラのマスタードあえ

材料と作り方（2人分）

なめこ ── 1袋
オクラ ── 10本
A | バルサミコ酢または白ワインビネガー ── 大さじ1/2
オリーブオイル ── 小さじ2
粒マスタード ── 小さじ1
塩 ── 小さじ1/4

① オクラはへたとかたい部分をぐるりとむく。塩少々（分量外）を入れた熱湯でさっとゆで、縦半分に切る。なめこは熱湯でさっとゆで、ザルに上げて水気をきる。

② ボウルにA、なめこを入れて混ぜ、器に盛ったオクラにかける。

長いもとマグロのわさびあえ

材料と作り方（2人分）

長いも ── 10㎝
マグロ（刺し身用さく）── 100g
A | しょうゆ ── 大さじ1/2
わさび、ごま油 ── 各小さじ1/3
刻みのり ── 少々

① 長いもはめん棒で叩いて粗く砕く。マグロは1㎝角に切る。

② ボウルにA、マグロを入れてあえる。

③ 器に長いも、②を盛り、のりをのせる。

つるむらさきとしらすのお浸し

材料と作り方（2人分）

つるむらさき ── 1袋（200g）
しらす干し ── 大さじ3
A | だし ── 大さじ4
しょうゆ ── 大さじ1/2

① つるむらさきは葉と茎に分ける。塩少々（分量外）を入れた熱湯に茎、葉の順に入れてさっとゆで、粗熱が取れたらザルに上げて水気をきる。葉はざく切り、茎は斜め薄切りにし、それぞれ水気を絞る。

② ボウルにA、しらす干し、つるむらさきを入れてあえる。

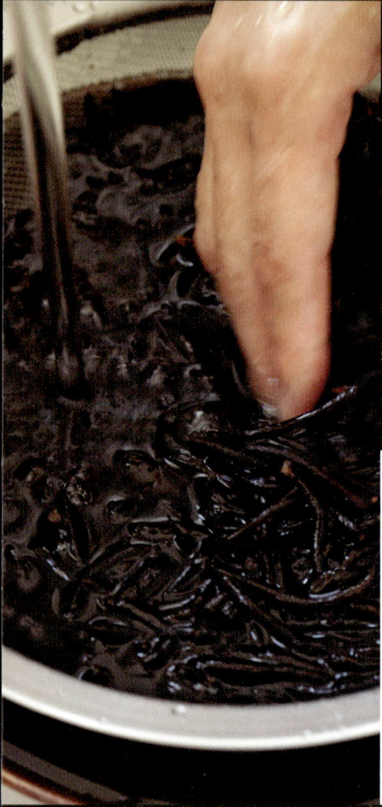

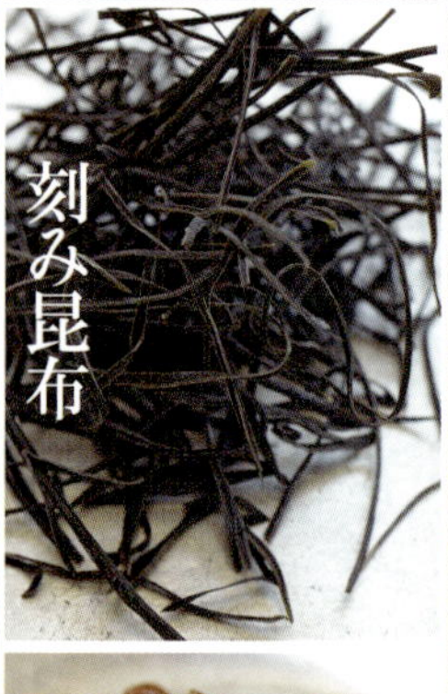

海藻パワーにはまっています。

海藻の食物繊維は水に溶けて水分をたっぷり吸収し、ゲル化するという特徴があります。胃や小腸で吸収されず、老廃物などを取り込んでゆっくりと大腸まで運ばれ、硬くなった便を適度に軟らかくしてくれるので、おなかスッキリ効果がすごいんです！　人によって効果の出やすい海藻があるので、いろいろ試して相性のいい海藻を見つけてください。

もずくとトマトのキムチあえ

材料と作り方（２人分）

もずく（調味していないもの）── 100g
トマト ── 1個
白菜キムチ ── 100g
しょうがのすりおろし ── 少々

① トマトはひと口大に切る。キムチは細切りにする。

② もずく、トマト、キムチをあえる。器に盛り、しょうがをのせる。

ひじきの豆腐あえ

材料と作り方（２人分）

芽ひじき（乾燥）── 大さじ２（戻して100g）
木綿豆腐 ── 1/2丁
しょうゆ ── 小さじ1
A｜ごま油 ── 小さじ1
　｜塩 ── 小さじ1/4
いり白ごま ── 少々

① ひじきは袋の表示の通りに戻して水気をきり、熱湯でさっとゆでる。ザルに上げて水気をきり、しょうゆをまぶす。

② 豆腐はペーパータオルで包んで10分ほどおいて水気をきる。

③ ボウルに豆腐、Aを入れてゴムベラで豆腐をつぶしながら混ぜ、ひじきを加えてあえる。器に盛り、ごまをふる。

ひじき、わかめは
まとめて戻してストック

１袋まとめて水で戻して、よく水気をきって保存容器に入れて冷蔵庫で保存。
こうしておくとすぐに使えて、毎日食べる習慣がつきやすくなります。冷蔵庫で５日間保存可能。

わかめの梅しょうが炒め

材料と作り方（２人分）

カットわかめ ── 大さじ８
梅干し ── １個
しょうがのみじん切り ── １かけ分
オリーブオイル ── 小さじ１
A ｜ しょうゆ、みりん ── 各小さじ½

① わかめは袋の表示の通りに戻し、水気を絞る。梅干しは種を除いて叩く。

② フライパンにオリーブオイルを中火で熱し、しょうが、わかめ、梅干しを入れてわかめが熱くなるまで炒める。Aを加えて、からめながら炒める。

ひじきの梅しそあえ

材料と作り方（２人分）

芽ひじき（乾燥）── 大さじ２（戻して100g）
しょうゆ ── 大さじ½
梅干し ── １個
青じそ ── 10枚
粉ガツオ ── 大さじ２

① ひじきは袋の表示の通りに戻して水気をきり、熱湯でさっとゆでる。ザルに上げて水気をきり、しょうゆをまぶす。

② 梅干しは種を除いて叩く。青じそはせん切りにする。

③ ボウルにすべての材料を入れてあえる。

めかぶと長ねぎの梅風味スープ

材料と作り方（２人分）

めかぶ ── ２パック（100g）
長ねぎ ── ½本
梅干し ── １個
だし ── 1½カップ
A ｜ しょうゆ ── 小さじ１
　 ｜ 塩 ── 小さじ⅕

① 長ねぎは斜め薄切りにする。梅干しは種を除いて叩く。

② 鍋にだし、長ねぎを入れて中火にかけ、煮立ったら梅干し、A、めかぶを加えて温まるまで煮る。

わかめの梅おろしあえ

材料と作り方（２人分）

カットわかめ ── 大さじ８
A ｜ 梅干し ── １個
　 ｜ 大根おろし
　 ｜ 　── 水気をきって１カップ
　 ｜ レモンの搾り汁または酢
　 ｜ 　── 小さじ１
　 ｜ しょうゆ ── 小さじ½
　 ｜ 塩 ── 小さじ⅕

① わかめは袋の表示の通りに戻し、水気を絞る。Aの梅干しは種を除いて叩く。

② ボウルにAを入れて混ぜ、わかめを加えてあえる。

あおさと大根の甘酢あえ

材料と作り方（2人分）

あおさ ── 10g
大根 ── 150g
塩 ── 小さじ1/4
A｜だし ── 大さじ3
　｜酢 ── 大さじ2
　｜砂糖 ── 小さじ1
　｜塩 ── 小さじ1/4

① あおさはさっと水にくぐらせ、水気を絞る。大根は4㎝長さの短冊切りにし、塩をふってしんなりするまでおき、水気を絞る。

② ボウルにAを入れて混ぜ、あおさ、大根を加えてあえる。

あおさとベビーリーフのサラダ

材料と作り方（2人分）

あおさ ── 10g
ベビーリーフ ── 1パック
紫玉ねぎ ── 1/4個
白ワインビネガー ── 大さじ1
A｜ごま油、オリーブオイル
　｜　── 各大さじ1/2
　｜塩 ── 小さじ1/5
　｜こしょう ── 少々

① あおさはさっと水にくぐらせ、水気を絞る。紫玉ねぎは粗みじん切りにする。

② ボウルに紫玉ねぎ、白ワインビネガーを入れて1〜2分おき、Aを加えて混ぜる。

③ 器にベビーリーフ、あおさを盛り、②をかける。

もずくのそば風

材料と作り方（２人分）

もずく（調味していないもの）
　── 100g
きゅうり ── ½本
みょうが ── １個
めんつゆ（ストレート）── 大さじ４
しょうがのすりおろし ── １かけ分

① きゅうりは４～５㎝長さのせん切りにする。みょうがは薄い小口切りにする。

② 器にもずく、きゅうりを盛り、めんつゆをかけ、みょうが、しょうがをのせる。

刻み昆布とさつま揚げのさっと煮

材料と作り方（２人分）

刻み昆布（乾燥）── 20g
水 ── ２カップ
さつま揚げ ── ２枚
A ｜酒 ── 大さじ１
　｜砂糖、しょうゆ、みりん ── 各小さじ１
サラダ油 ── 小さじ１

① 刻み昆布はさっと洗って分量の水に浸して５分ほどおいて戻す。ザルに上げて水気をきる。戻し汁はとっておく。さつま揚げは薄切りにする。

② 鍋にサラダ油を中火で熱し、刻み昆布を入れて炒め、全体に油が回ったらさつま揚げを加えてさっと炒める。①の戻し汁¼カップ、Aを加えて５分ほど煮る。

めかぶのみそ汁

材料と作り方（２人分）

めかぶ ── ２パック（100g）
油揚げ ── ½枚
万能ねぎ ── ２本
だし ── 1½カップ
みそ ── 大さじ１

① 油揚げは熱湯でさっとゆで、ザルに上げて水気をきる。粗熱が取れたらせん切りにする。万能ねぎは小口切りにする。

② 鍋にだし、油揚げを入れて中火にかけ、煮立ったら２～３分煮る。みそを溶き入れ、めかぶを加えて温まるまで煮る。器に入れ、万能ねぎを散らす。

きのこの食物繊維は腸をおだやかに整えます。

きのこは、水に溶けない不溶性食物繊維が多いのが特徴。不溶性食物繊維は、腸内で水分を吸って膨らむことで、腸を刺激してぜん動運動を促すため便通がよくなります。便秘がちな人がとりすぎると逆に便秘になってしまうこともあるのですが、経験上、きのこの効果はおだやかだと感じています。扱いやすいので、朝食にもよく登場させます。

しめじの ガーリックソテー

材料と作り方（2人分）

しめじ ── 大1パック（200g）
にんにくのみじん切り ── 1かけ分
赤唐辛子（小口切り）── 少々
オリーブオイル ── 小さじ1
塩 ── 小さじ¼

① しめじは石づきを除き、小房に分ける。

② フライパンにオリーブオイル、にんにくを入れて弱火にかけ、香りが立ったら赤唐辛子、しめじを加えて火が通るまで炒め、塩で味を調える。

焼きしいたけの おろし酢あえ

材料と作り方（2人分）

しいたけ ── 6枚
A｜大根おろし
　　── 水気をきって1カップ
　｜酢 ── 大さじ1
　｜砂糖、しょうゆ ── 各小さじ1
　｜塩 ── 少々

① しいたけは石づきを除き、グリルか焼き網でこんがり焼き、冷めたら縦4等分に裂く。

② ボウルにAを入れて混ぜ、①を加えてあえる。

しいたけは、軸に切れ目を入れてから裂くとキレイに裂ける。

マッシュルームの ポタージュ

材料と作り方（2人分）

マッシュルーム ── 1パック（150g）
玉ねぎ ── ¼個
じゃがいも ── ½個
オリーブオイル ── 大さじ½
水 ── ½カップ
牛乳 ── 1カップ
塩 ── 小さじ¼
こしょう ── 少々

① マッシュルームは薄切りにする。玉ねぎは横5㎜厚さに切る。じゃがいもは7〜8㎜厚さのいちょう切りにしてさっと洗い、水気をきる。

② 鍋にオリーブオイルを中火で熱し、玉ねぎ、マッシュルーム、じゃがいもを入れて炒める。全体に油が回ったら分量の水を加え、フタをして弱めの中火で10分ほど煮る。火を止めて粗熱を取る。

③ ミキサーに②を移し入れて滑らかになるまで攪拌する。鍋に戻し入れて中火にかけ、牛乳を加えて温まる程度に煮て、塩、こしょうを加える。

エリンギの バルサミコ酢照り焼き

材料と作り方（2人分）

エリンギ ── 大2本
A ｜バルサミコ酢 ── 大さじ1
｜しょうゆ ── 小さじ2
｜酒、砂糖 ── 各小さじ1
｜にんにくのすりおろし ── 1かけ分
オリーブオイル ── 小さじ1

① エリンギは縦4等分に裂く。

② フライパンにオリーブオイルを中火で熱し、エリンギを入れて両面をこんがり焼く。Aを加えて照りが出るまでからめる。

えのきのだし浸し

材料と作り方（２人分）

えのきだけ
　— 大１袋（200g）

A｜だし — １カップ
　｜酒 — 小さじ２
　｜しょうゆ — 小さじ１
　｜塩 — 小さじ1/4

粉山椒 — 適宜

① えのきだけはほぐす。

② 鍋にAを入れて中火にかけ、煮立ったらえのきだけを加えてさっと煮る。器に盛り、粉山椒をふる。

なめたけ

材料と作り方（２人分）

えのきだけ — 大１袋（200g）

A｜赤唐辛子（小口切り）— １本
　｜だし — 大さじ３
　｜しょうゆ — 大さじ２
　｜酒、みりん — 各大さじ１
　｜砂糖 — 大さじ1/2

① えのきだけは長さを２～３等分に切ってほぐす。

② 鍋にA、えのきだけを入れて中火にかけ、煮立ったら弱火にして３～４分煮る。

まいたけのおかか煮

材料と作り方（２人分）

まいたけ — 大１パック（150g）

A｜しょうゆ、みりん、酒
　｜　— 各小さじ１

削り節 — １パック（3g）

① まいたけは小房に分ける。

② 鍋にまいたけを入れて中火にかけて香りが出るまで煎りつけ、A、水大さじ１（分量外）を加え、煮立ったら削り節を加えて混ぜる。

ミックスきのこを使って

ミックスきのこのナムル

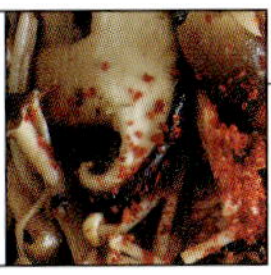

材料と作り方（2人分）

ミックスきのこ（ミックスきのこの作り方参照）
　— 200g
A｜にんにくのすりおろし — 少々
　｜ごま油 — 小さじ1
　｜塩 — 小さじ⅕
粗びき赤唐辛子 — 適量

① フライパンを強火で熱し、ミックスきのこを入れてこんがり焼きつける。火を止めてAを加えてあえる。仕上げに粗びき赤唐辛子をふる。

好みのきのこ2〜3種をミックスして冷凍しておくと便利です。

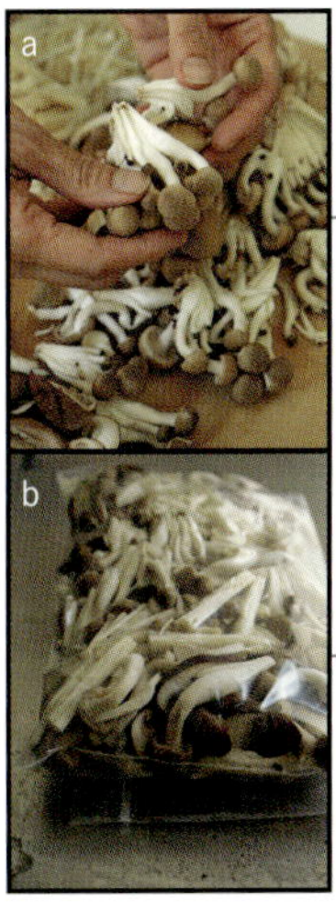

ミックスきのこの作り方

えのきだけ大2袋（400g）、しめじ大1パックはほぐし（a）、しいたけ8枚は薄切りにして合わせ、ジッパー付き保存袋に入れて冷凍（b）。2週間保存可能。使うときは凍ったまま調理に加える。水気が出やすいので、強火で短時間で火を通すのがコツ。

ミックスきのこのホイル焼き

材料と作り方（2人分）

ミックスきのこ（ミックスきのこの作り方参照）
　— 200g
酒 — 小さじ1
塩 — 少々
すだち — 1個
しょうゆ（好みで）— 適量

① 30×60㎝のアルミ箔を半分に折り、ミックスきのこをのせて酒、塩をふって包む。

② オーブントースターに①を入れて5〜6分焼く。半分に切ったすだちを添え、好みでしょうゆをかける。

ミックスきのこのみそ汁

材料と作り方（2人分）

ミックスきのこ（ミックスきのこの作り方参照）
　— 150g
だし — 1½カップ
みそ — 大さじ1
七味唐辛子 — 少々

① 鍋にだし、ミックスきのこを入れて中火にかけ、煮立ったらみそを溶き入れる。器に入れ、七味唐辛子をふる。

発酵食品で乳酸菌を腸に届けます。

腸内環境をよくするために、乳酸菌などの善玉菌を発酵食品でとり入れます。キムチや納豆を使うときは、ごはんがすすむ濃い味にしないように気をつけています。ごはんがなくても食べられるくらいの塩気のほうが、たっぷり食べられますから。

キムチの卵炒め

材料と作り方（２人分）

白菜キムチ —— 100g
ニラ —— ½束
卵 —— ２個
塩、こしょう —— 各少々
ごま油 —— 大さじ½

① ニラは４～５㎝長さに切る。卵は溶きほぐして塩、こしょうを加える。

② フライパンにごま油を入れて熱し、ニラ、キムチを入れて炒める。全体に油が回ってニラがしんなりしたら、溶き卵を回し入れ、大きく混ぜながら卵に火を通す。

しば漬け納豆

材料と作り方（２人分）

納豆 —— ２パック（80g）
しば漬け —— 30g
みょうが —— １個
納豆の付属のタレ（またはしょうゆ小さじ１）—— １袋

① しば漬けは粗いみじん切りにする。みょうがは薄切りにする。

② 納豆にタレを入れて混ぜて器に盛り、しば漬け、みょうがをのせる。

発酵食品同士を組み合わせるとさらにパワーアップします。

Megumi's ADVICE

香味野菜でおいしく減塩

香味野菜を料理にたっぷり添えるのが大好き。刻んで保存容器に入れて冷蔵しておきます。香りのおかげで薄味でもものたりなさがなく、おいしく減塩するのにも役立ちますよ。

かぶの水キムチ

材料と作り方（野菜は合わせて600g）

かぶ ── 4個
セロリ ── 2本
ラディッシュ── 5個
塩 ── 大さじ½

A
にんにく、しょうが（各薄切り）── 各1かけ
粗びき赤唐辛子 ── 小さじ1〜2
酢、オリゴ糖（またははちみつ）
── 各大さじ1
塩 ── 大さじ1⅓
水 ── 5カップ

① かぶは薄いくし形切りにする。セロリは7〜8㎜厚さの小口切りにする。ラディッシュは葉を除いて縦半分に切る。

② ボウルに野菜を入れて塩をふり、水が出るまで20〜30分おき、水気をふき取る。

③ 保存容器にAを入れて混ぜ、②を入れて常温に1日おいて軽く発酵させてから冷蔵庫に入れる。夏場は常温におかず、冷蔵庫に入れてもよい。

保存期間／冷蔵庫に入れて10日間（3種同様）

基本の水キムチの作り方

1 好みの野菜600gは食べやすく切って2％の塩をふってしんなりするまでおく。
2 水気をしっかりふき取る。
3 混ぜ合わせた漬け汁（材料のA）に加える。甘みは善玉菌をふやすオリゴ糖を使用。なければはちみつでも。
4 室温に1日おいて発酵させる。ぷくぷく小さい泡が出てきたら、密閉容器に移して冷蔵庫で保存。

甘みは、腸内細菌のエサになるオリゴ糖で。なければオリゴ糖が豊富なはちみつで。

ぷくぷく発酵していく過程を見るのも楽しい。

きゅうりの水キムチ

材料と作り方（野菜は合わせて600g）

きゅうり ── 3本
赤パプリカ、黄パプリカ ── 各1個
塩 ── 大さじ½

A
にんにく、しょうが（薄切り）── 各1かけ
青唐辛子（種を除いて小口切り）
── 小3〜4本
酢、オリゴ糖（またははちみつ）
── 各大さじ1
塩 ── 大さじ1⅓
水 ── 5カップ

① きゅうりは斜め薄切りにする。パプリカはひと口大に切る。あとは、「かぶの水キムチ」の作り方②、③と同様にする。

大根、白菜の水キムチ

材料と作り方（野菜は合わせて600g）

大根 ── ⅓本
白菜 ── 4枚
塩 ── 大さじ½

A
にんにく、しょうが（薄切り）── 各1かけ
赤唐辛子（種を除いて小口切り）── 2本
酢、オリゴ糖（またははちみつ）
── 各大さじ1
塩 ── 大さじ1⅓
水 ── 5カップ

① 大根は5〜6㎜厚さのいちょう切りにする。白菜は3㎝角に切る。あとは、「かぶの水キムチ」の作り方②、③と同様にする。

季節の水キムチ3種

ヨーグルト豆サラダ

材料と作り方（2人分）

ミックスビーンズまたは
　好みのゆで豆(p.45のゆで大豆の作り方参照)
　── 200g

A ｜ 香菜 ── 2株
　｜ 紫玉ねぎ ── ¼個
　｜ 白ワインビネガー── 大さじ1
　｜ オリーブオイル ── 小さじ2
　｜ 塩 ── 小さじ¼

プレーンヨーグルト ── ¾カップ
メープルシロップ ── 小さじ2
粗びき黒こしょう ── 少々

① Aの香菜、紫玉ねぎはみじん切りにする。ボウルにAを入れて混ぜ、ミックスビーンズを加えてあえる。

② 器に①を盛り、ヨーグルト、メープルシロップをかけ、粗びき黒こしょうをふる。

キムチともやしのレンジ蒸し

材料と作り方（2人分）

白菜キムチ ── 150g
もやし ── 1袋（200g）

A ｜ ごま油 ── 小さじ1
　｜ 片栗粉 ── 小さじ½

ツナ缶（油漬け）── 小1缶（70g）

① キムチはひと口大に切り、Aを加えて混ぜる。

② ツナは汁気をきって粗くほぐす。もやしはひげ根を取って水にさらし、ザルに上げて水気をきる。

③ 耐熱皿にもやし、ツナ、①の順にのせ、ラップをして電子レンジで3分加熱する。よく混ぜ合わせて器に盛る。

納豆のしらす、わかめのせ

材料と作り方（2人分）

納豆 ── 2パック（80g）
しらす干し ── 大さじ4
カットわかめ ── 大さじ1
万能ねぎ ── 3本
納豆の付属のタレ（またはしょうゆ小さじ1）── 1袋

① わかめは袋の表示の通りに戻し、水気をきる。万能ねぎは小口切りにする。

② 納豆にタレを入れて混ぜて器に盛り、わかめ、しらす、万能ねぎをのせる。

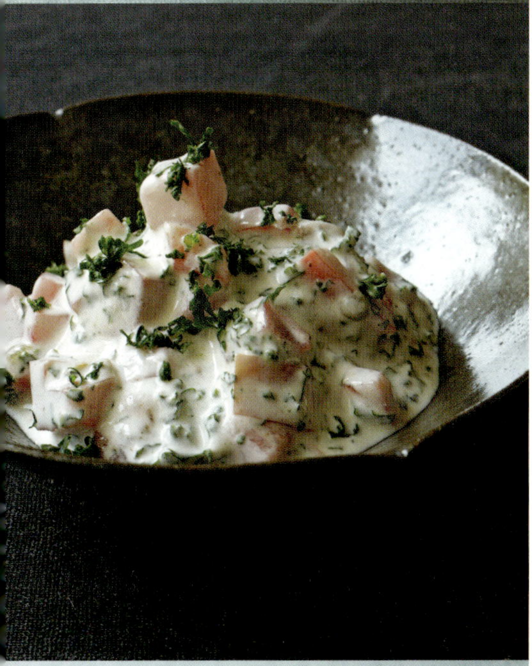

トマトとパセリのヨーグルトサラダ

材料と作り方（2人分）

プレーンヨーグルト ── 1カップ
トマト ── 1個
パセリのみじん切り ── 1/2カップ弱
A｜にんにくのすりおろし ── 1かけ分
｜クミンパウダー ── 小さじ1/2
｜塩 ── 小さじ1/3
｜こしょう ── 少々

① トマトは1cm角に切る。

② ボウルにヨーグルト、Aを入れて混ぜ、トマト、パセリを加えてあえる。器に盛り、パセリのみじん切り少々（分量外）を散らす。

キムチのおろしあえ

材料と作り方（2人分）

白菜キムチ ── 100g
大根おろし ──
水気をきって1 1/2カップ
すり白ごま ── 大さじ2

① キムチはひと口大に切り、すべての材料を混ぜて器に盛り、すり白ごま少々（分量外）をふる。

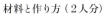

水素水

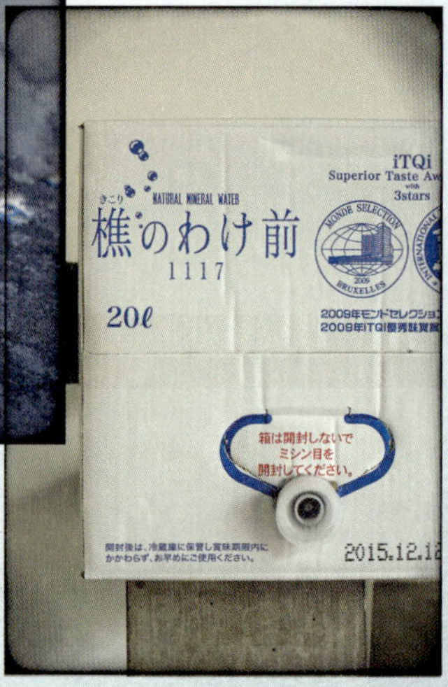

天然水

からだの７割は水分。だから水にはこだわっています

撮影などの仕事中は、忙しくてなかなかトイレに行けません。それに加えてコンロの前に長時間立っていてかなり暑いのに、あまり水を飲まないということを長年続けていました。それが原因なのかはわかりませんが、数年前、突然、右わき腹の激痛に襲われました。いまはすっかりよくなったのですが、それ以来、からだの循環がよくなるようにと、水をたくさん飲むようにしています。

いろいろな水を試しましたが、私には硬度２mg／ℓの超軟水「樵のわけ前」という水が合うようで、朝と夜に300〜400㎖ずつ飲むようにしたところ、トイレの回数がふえて、格段にむくみにくくなったのです。

老廃物が出ていくせいか、以前よりからだの循環がよくなったのを実感しています。最近は、水素を発生させるスティックでこの水を水素水にして飲んでいます。

お問い合わせ先

樵のわけ前　20ℓ　2,500円／(問)　桜島　0120-059-032

Part II

たんぱく質もしっかりとりたい！大豆、肉、魚介のおかず

歳を重ねたら、肉も魚もそんなにとらなくてもいいという声を時折耳にしますが、
それは逆の話。いくつになっても、細胞を作り、
新陳代謝に欠かせないのがたんぱく質です。
若いころと変わったのは、たんぱく質の質を考えるようになったこと。
脂肪が少ない良質なたんぱく質、血液サラサラ効果のある
青魚などを使ったおかずをきちんととることを心がけています。

代謝アップ、足腰の衰え防止にはたんぱく質が欠かせません

子どもが小さいときは、豚バラ肉など
脂身の多い肉を食べることが多かったのですが、
この数年、胃がもたれるようになりました。

そんなことから、
脂肪が少ない赤身肉や植物性の大豆製品、
魚は血液サラサラ効果の高い青魚など
良質なたんぱく質食品中心に切り替えました。

筋肉、臓器、皮膚、髪、爪も、
おもな構成成分はたんぱく質で、
細胞は新陳代謝をくり返して、
健康なからだを維持しています。

歳をとると細胞のたんぱく質合成の働きが低下し、
加齢とともに代謝回転が遅くなるのだそう。
たんぱく質が不足すると、脳の働きが鈍るともいいます。

いまのうちに良質なたんぱく質をとる習慣をつけて、
免疫力の低下や足腰の筋力の衰えを
予防したいと思っています。

大豆、大豆製品を積極的にとっています。

もともと豆が大好きなのですが、大豆は脂質が少ないですし、大豆イソフラボンは、更年期の不調をやわらげたりする効果があるのがうれしいですね。ゆで大豆は常備しておくと、サラダや大根おろしにのせたりと、自然に使うようになります。よく食べるようになって気づいたのは、腹持ちがいいこと。ダイエットにもおすすめです。

大豆と鶏手羽先のうま煮

材料と作り方（２人分）

ゆで大豆（市販品またはp.45のゆで大豆の作り方参照） ── 120g
鶏手羽先 ── ６本
長ねぎ ── ½本
しょうがの薄切り ── １かけ分
サラダ油 ── 大さじ½
A｜酒 ── 大さじ２
　｜しょうゆ ── 大さじ1½
　｜砂糖 ── 大さじ½
　｜水 ── １カップ

① 鶏肉は裏から骨に沿って切り目を入れる。長ねぎは４cm長さに切る。

② フライパンにサラダ油を熱し、鶏肉を入れて全体を強火でこんがり焼き、長ねぎ、しょうがを加えて香りが立つまで炒める。

③ ②のフライパンにA、大豆を加え、フタをして汁気がほとんどなくなるまで中火で煮る。

肉豆腐

材料と作り方（２人分）

木綿豆腐 ── １丁
牛もも薄切り肉 ── 150g
玉ねぎ ── ½個
にんじん ── ⅓本
絹さや ── 12枚
にんにく ── １かけ
サラダ油 ── 大さじ½
A｜だし ── ½カップ
　｜酒、しょうゆ ── 各大さじ1½
　｜砂糖 ── 大さじ１

① 豆腐はペーパータオルで包んで10分ほどおいて水気をきり、６等分に切る。牛肉は４〜５cm長さに切る。玉ねぎは１cm幅のくし形切りにする。にんじんは短冊切りにする。絹さやは筋を除く。にんにくは包丁の腹で叩きつぶす。

② 鍋にサラダ油、にんにくを入れて中火で熱し、香りが立ったら玉ねぎ、にんじん、牛肉を入れて炒める。玉ねぎがしんなりしたら、Aを加えて２〜３分煮る。

③ ②の鍋に豆腐、絹さやを加えて豆腐が温まるまで煮る。

豆腐とレタス、トマトの甘辛煮

材料と作り方（2人分）

絹ごし豆腐 ― 1丁
片栗粉 ― 適量
レタス ― ½個
トマト ― 1個
にんにく ― 1かけ
サラダ油 ― 大さじ1
ごま油 ― 大さじ½

A
しょうゆ ― 大さじ1½
酒 ― 大さじ1
砂糖 ― 大さじ½
顆粒鶏ガラスープの素 ― 小さじ1
水 ― ½カップ

B
片栗粉 ― 大さじ½
水 ― 大さじ1

① 豆腐はペーパータオルで包んで30分ほどおいて水気をきる。縦半分に切り、端から2cm幅に切る。レタスは大きめにちぎる。トマトは8等分のくし形切りにする。にんにくは包丁の腹で叩きつぶす。

② フライパンにサラダ油を熱し、片栗粉をまぶした豆腐を入れて中火で両面をこんがり焼き、取り出す。

③ ②のフライパンにごま油、にんにくを入れて中火で熱し、香りが立ったらレタス、トマトを入れて強火でさっと炒め、混ぜ合わせたAを加える。煮立ったら②を戻し入れて1～2分煮て、混ぜ合わせたBを加えてとろみをつける。

豆腐のおかか揚げ

材料と作り方（2人分）

木綿豆腐 ― 1丁
A しょうがの搾り汁、しょうゆ ― 各小さじ1
小麦粉 ― 少々
B 小麦粉、水 ― 各大さじ1
削り節 ― 2パック（6g）
C 練り辛子、しょうゆ ― 各適量
揚げ油 ― 適量

① 豆腐はペーパータオルで包み、1kgの重石をのせて30分ほどおいて水気をきる。縦半分に切り、端から3等分に切り、Aをまぶす。

② 豆腐の水気をペーパータオルでふき取って小麦粉をまぶし、混ぜ合わせたBをからめ、削り節をまぶす。170℃に熱した揚げ油に入れて、3～4分こんがりと揚げる。

③ 器に②を盛り、Cを添える。

豆腐と野菜の豆乳グラタン

材料と作り方（２人分）

絹ごし豆腐 ── ½丁
豆乳、だし ── 各１カップ
ブロッコリー ── ½株
長ねぎ ── ½本
ウインナーソーセージ ── ４本
オリーブオイル ── 大さじ１
小麦粉 ── 大さじ２
塩 ── 小さじ¼
ピザ用チーズ ── 20g
粉チーズ ── 大さじ１

① 豆腐はペーパータオルで包んで10分ほどおいて水気をきり、２cm角に切る。ブロッコリーは小房に分け、塩少々（分量外）を入れた熱湯でさっとゆで、ザルに上げて水気をきる。長ねぎは１cm厚さの小口切りにする。ソーセージはひと口大に切る。

② フライパンにオリーブオイルを中火で熱し、長ねぎを入れてさっと炒め、小麦粉をふり入れて弱火で粉っぽさがなくなるまで炒める。だしを加えて混ぜ、ソーセージを加えてとろみがでるまで煮て、豆乳、塩を加える。

③ グラタン皿にブロッコリー、豆腐を入れて②をかけ、ピザ用チーズ、粉チーズを散らし、オーブントースターで焼き色がつくまで10〜15分ほど焼く。

豆腐入り茶碗蒸し

材料と作り方（２人分）

絹ごし豆腐 ── １丁
味つきザーサイ ── 20g
卵 ── ２個
A ｜ 顆粒鶏ガラスープの素 ── 小さじ½
｜ 塩 ── 少々
｜ 湯 ── １カップ
ごま油 ── 少々

① 豆腐はペーパータオルで包んで30分ほどおいて水気をきり、半分に切る。ザーサイはせん切りにする。

② ボウルに卵を溶きほぐし、Aを加えて混ぜる。

③ 耐熱の器に豆腐を入れ、②をザルなどで濾し入れる。アルミ箔をかぶせ、蒸気の上がった蒸し器に入れ、フタをして強火で１分蒸し、フタを少しずらして10分ほど蒸す。取り出してザーサイをのせ、ごま油をかける。

白、黒、緑。浸し豆3種

大豆の浸し豆

黒豆の浸し豆

材料と作り方（作りやすい分量）

大豆または黒豆（乾燥）── 300g

A
- だし ── 2カップ
- しょうゆ ── 大さじ1
- 塩 ── 小さじ1

① 大豆はたっぷりの水に一晩浸す。鍋に大豆をつけ汁ごと入れて強火にかけ、煮立ったらアクを除き、弱めの中火で30〜40分、やわらかくなるまでゆでる。ザルに上げて水気をきる。

② ①の鍋をさっと洗い、Aを入れて火にかけ、煮立ったら大豆を加えて煮る。再び煮立ったら火を止めて粗熱が取れるまでおく。

保存期間／保存容器に入れ、冷蔵庫で1週間（3種同様）

青大豆の浸し豆

材料と作り方（作りやすい分量）

青大豆（乾燥）── 200g

A
- だし ── 1½カップ
- しょうゆ ── 小さじ1
- 塩 ── 小さじ1

① 「大豆の浸し豆」と同様にする。

あえ物に、炊き込みごはんにと使いまわせるのも魅力です。

ゆで大豆の作り方

大豆200gを洗って鍋に入れ、たっぷりの水を注いで一晩おく。中火にかけてひと煮立ちしたらアクを除き、弱めの中火で豆が湯から出ない程度に水適量をたしながら、20〜30分ゆでる。

＊ゆで汁ごと保存容器に入れて冷蔵庫で1週間保存可能。冷凍する場合はジッパー付き保存袋にゆで汁ごと入れて1か月保存できる。

蒸し大豆の作り方

大豆200gを洗ってボウルに入れ、たっぷりの水を注いで一晩おく。蒸気の上がった蒸し器にふきんを敷き、大豆を入れてそのふきんで包み、弱めの中火で40〜50分蒸す。

＊保存容器に入れて冷蔵庫で1週間保存可能。冷凍する場合はジッパー付き保存袋に入れて1か月保存できる。

青大豆と梅の炊き込みごはん

米2合は洗って水気をきり、360mℓの水で30分浸水させる。酒大さじ2、塩小さじ½を加えて混ぜ、汁気をきった青大豆の浸し豆100g、梅干し1個を入れて普通に炊く。炊き上がったら梅干しの種を除き、混ぜる。

ひじき入り豆腐バーグ

材料と作り方（2人分）

木綿豆腐
— ⅓丁
芽ひじき（乾燥）— 大さじ2（戻して100g）
鶏ひき肉 — 100g
青じそ（せん切り）— 10枚
A | にんにくのすりおろし — 1かけ分
　| ナンプラー— 大さじ½
　| 片栗粉 — 小さじ1
サラダ油 — 小さじ1
B | サニーレタス（ちぎる）— 4枚
　| 紫玉ねぎ（薄切り）— ¼個
スイートチリソース — 適量

① 豆腐はペーパータオルで包み、20分ほどおいて水気をきる。ひじきは袋の表示の通りに戻して水気をきる。

② ボウルに豆腐、ひき肉を入れてよく練り混ぜ、ひじき、青じそ、Aを加えてさらに混ぜる。6等分して小判形に整える。

③ フライパンにサラダ油を中火で熱し、②を入れてフタをして3分ほど焼き、上下を返してさらに3分焼く。

④ 器に③を盛り、Bを添える。別の器にスイートチリソースを添える。

豆腐のカツ

材料と作り方（2人分）

木綿豆腐
— 1丁
A | しょうがのすりおろし — 1かけ分
　| 塩、こしょう — 各少々
キャベツ — 200g
小麦粉、溶き卵、パン粉、揚げ油、
　ウスターソース — 各適量
レモンのくし形切り — 2切れ

① 豆腐はペーパータオルで包み、1kgの重石をのせて1時間ほどおいて水気をきる。端から4等分に切り、Aをからめる。キャベツはせん切りにする。

② 豆腐に小麦粉、溶き卵、パン粉の順に衣をつけ、180℃に熱した揚げ油に入れて2〜3分、こんがり揚げる。

③ 器に②を盛り、キャベツ、レモンを添え、ウスターソースをかける。

豆腐としめじの オイスターソース炒め

材料と作り方（２人分）

絹ごし豆腐 ── １丁
しめじ ── １パック（100g）
ニラ ── ½束
玉ねぎ ── ½個
サラダ油 ── 大さじ½
A｜オイスターソース、酒 ── 各大さじ１
　｜しょうゆ ── 小さじ２
　｜砂糖 ── 小さじ１
　｜豆板醤 ── 小さじ½

① 豆腐はペーパータオルで包み、10分ほどおいて水気をきる。しめじは小房に分ける。ニラは５cm長さに切る。玉ねぎは５mm幅のくし形切りにする。

② フライパンにサラダ油を中火で熱し、玉ねぎを入れて炒め、全体に油が回ったらしめじ、ニラを加えてさっと炒め合わせる。Aを加え、豆腐を大きめにちぎって加え、大きく混ぜながら豆腐が温まるまで煮る。

大豆としらすの 酢あえ

材料と作り方（２人分）

ゆで大豆（市販品またはp.45の
　ゆで大豆の作り方参照）── 100g
しらす干し ── 大さじ３
酢 ── 大さじ４

① すべての材料を混ぜる。

黒豆とあさりの 炊き込みごはん

材料と作り方（作りやすい分量）

黒豆の浸し豆（p.45の作り方参照）
　── 汁気をきって100g
米 ── ２合
あさりの水煮缶 ── １缶（缶汁をきって80g）
水＋あさりの缶汁 ── 360mℓ
酒、しょうゆ ── 各大さじ１
しょうがのせん切り ── １かけ分

① 米は洗い、ザルに上げて水気をきり、炊飯器の内釜に入れる。分量の水とあさりの缶汁を加えて30分以上浸水させる。

② ①に酒、しょうゆを加えて混ぜ、しょうが、あさりの身、黒豆の浸し豆をのせて普通に炊く。炊き上がったら全体を混ぜる。

豆乳チャウダー

材料と作り方（2人分）

豆乳、水 ── 各1カップ
玉ねぎ ── ½個
にんじん ── ⅓本
じゃがいも ── 小1個
セロリ ── ½本
殻つきえび ── 8尾（150g）
A　白ワイン ── 小さじ2
　　こしょう ── 少々
オリーブオイル ── 大さじ1
小麦粉 ── 大さじ2
塩 ── 小さじ⅓
パセリのみじん切り ── 適量

① 玉ねぎ、にんじん、じゃがいも、セロリは1cm角に切る。えびは背ワタ、尾、殻を除いてAをまぶす。

② 鍋にオリーブオイルを中火で熱し、玉ねぎ、にんじん、セロリを入れて炒め、全体に油が回ったら小麦粉をふり入れ、弱火で粉っぽさがなくなるまで炒める。水を加えて混ぜ、じゃがいもを加え、フタをして15分ほど煮る。

③ ②の鍋にえびを加えて1分ほど煮て、豆乳、塩を加えて温まるまで煮る。器に入れ、パセリを散らす。

おから煮

材料と作り方（作りやすい分量）

おから ── 200g
にんじん、ごぼう ── 各⅓本
しいたけ ── 4枚
長ねぎ ── 1本
いか ── 1ぱい
ごま油 ── 大さじ2
だし ── 2カップ
A　みりん、酒、しょうゆ ── 各大さじ2
　　砂糖 ── 大さじ1
　　酢 ── 小さじ1

① フライパンにおからを入れて中火にかけ、パラッとなるまでから煎りする。にんじんは3cm長さの短冊切りにする。ごぼうはささがきにしてさっと水にさらし、水気をきる。しいたけは軸を除き、薄切りにする。長ねぎは斜め薄切りにする。いかは内臓、くちばし、軟骨を除いてみじん切りにする。

② 鍋にごま油を中火で熱し、にんじん、ごぼう、しいたけ、長ねぎ、いかを入れて炒める。いかの色が変わったらおからを加えてさらに炒め、だしを加えて2分ほど煮て、Aを加え、煮汁がなくなるまで煮る。

いり豆腐

材料と作り方（2人分）

木綿豆腐 ── 1丁
干ししいたけ ── 2枚
にんじん ── 1/3本
長ねぎ ── 1/2本
さやいんげん ── 100g
だし ── 1/3カップ
サラダ油 ── 大さじ1/2

A | 砂糖 ── 大さじ1
しょうゆ ── 小さじ2
塩 ── 小さじ1/3

① 豆腐はペーパータオルで包み、500gの重石をのせて10分ほどおいて水気をきる。干ししいたけは水で戻し、軸を除いて薄切りにする。にんじんはせん切りにする。長ねぎ、さやいんげんは斜め薄切りにする。

② フライパンにサラダ油を中火で熱し、にんじん、干ししいたけ、さやいんげん、長ねぎの順に加えて炒め、全体に油が回ったら豆腐を崩し入れて炒め合わせる。

③ ②にだしを加え、煮立ったらAを加えて煮汁がなくなるまで煮る。

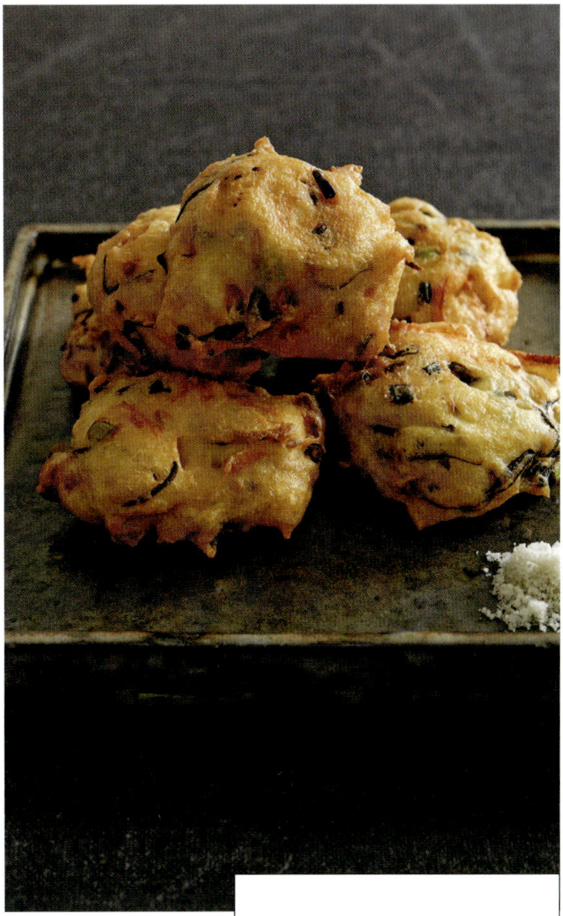

揚げがんも

材料と作り方（2人分）

木綿豆腐 ── 1丁
卵 ── 1個
大和いも（すりおろす）── 100g
A | 塩、砂糖 ── 各小さじ1/4
B | にんじん（3cm長さのせん切り）── 1/4本
ごぼう（ささがきにして水にさらす）── 5cm
万能ねぎ（小口切り）── 4本
きくらげ（水で戻してせん切り）── 5枚
サラダ油、塩 ── 各適量

① 豆腐はペーパータオルで包み、2kgの重石をのせて1時間ほどおいて水気をきる。

② ボウルに豆腐を入れてゴムベラで滑らかになるまでつぶし、卵を割り入れ、大和いも、Aを加えてさらによく混ぜ、Bを加えてさらに混ぜる。8等分しておく。

③ フライパンに1cm深さのサラダ油を入れて中火で熱し、②をスプーンで落とし入れて両面にこんがり色がつくまで3分ほど揚げ焼きする。

④ 器に③を盛り、塩を添える。

疲れたときには豚肉で元気をチャージ。

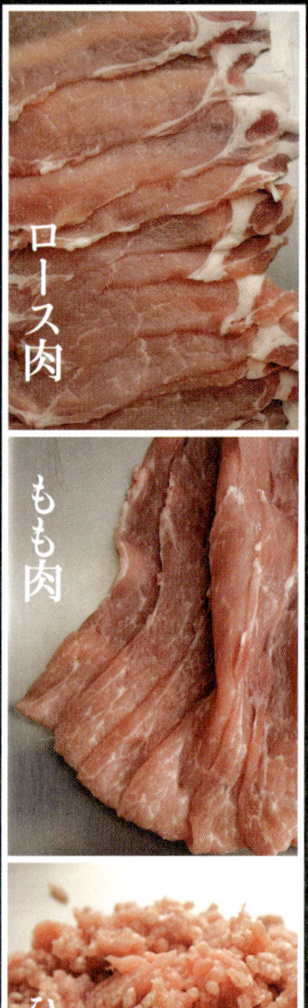

豚肉に多いビタミンB_1は「疲労回復ビタミン」とも呼ばれる栄養素。脂身の少ない部位を使うので、下味をつけたり片栗粉をまぶしたりして柔らかく仕上がるようにしています。豚肉の匂いが苦手なので、香味野菜と料理することが多いですが、にんにく、ねぎに含まれるアリシンという成分と一緒にとると、ビタミンB_1の吸収率が上がるので一石二鳥ですね。

豚肉の長いもロール蒸し

材料と作り方（2人分）

豚ロース薄切り肉 ── 10枚（130g）
長いも ── 12cm
A｜しょうがの搾り汁、酒 ── 各大さじ½
　しょうゆ ── 小さじ1
長ねぎの白い部分 ── 10cm
B｜みりん ── 小さじ2
　塩 ── 小さじ½
　片栗粉 ── 小さじ⅓
　粗びき黒こしょう ── 少々
粗びき黒こしょう ── 少々

① Aを混ぜ合わせ、豚肉にAをかけてなじませる。長いもは縦5等分に切り、長さを半分に切る。長ねぎは5cm長さのせん切りにして水にさらし、水気をきる。

② 長いも1切れに豚肉2枚を巻く。同様にして計10個作り、耐熱皿に並べ、混ぜ合わせたBを全体にかけ、ラップをして電子レンジで5分加熱する。

③ 器に②を盛り、長ねぎをのせ、粗びき黒こしょうをふる。

豚肉ともやしの梅にんにく蒸し

材料と作り方（2人分）

豚もも薄切り肉 ── 150g
もやし ── 1袋（200g）
A｜梅干し ── 1個
　にんにくのすりおろし ── 1かけ分
　酒 ── 大さじ½
　オイスターソース、しょうゆ、ごま油 ── 各小さじ1
　片栗粉 ── 小さじ½
万能ねぎ ── 3本

① 豚肉は5～6cm長さに切る。Aの梅干しは種を除いて叩く。万能ねぎは斜め薄切りにして水にさらし、水気をきる。

② ボウルにAを入れて混ぜ、豚肉を加えてからめる。

③ 耐熱皿にもやしを広げ、②をのせてラップをし、電子レンジで5分加熱する。よく混ぜ合わせて器に盛り、万能ねぎをのせる。

豚肉のニラ巻き照り焼き

材料と作り方（２人分）

豚ロース薄切り肉
— 12枚（約160g）
A｜酒 — 大さじ½
｜片栗粉 — 小さじ½
ニラ — １束
サラダ油 — 大さじ½
B｜しょうゆ、酒
｜— 各大さじ１
｜砂糖、みりん
｜— 各大さじ½

① Aを混ぜ合わせ、豚肉を１枚ずつ広げて入れ、上からAをかけてなじませる。ニラは長さを半分に切る。

② 30×20cmのラップをまな板の上に広げ、豚肉６枚を少しずつ端を重ねて縦に並べる。ニラ半量を手前にのせ、ラップごとくるくる巻く(a)。残りも同様にして計２本作る。

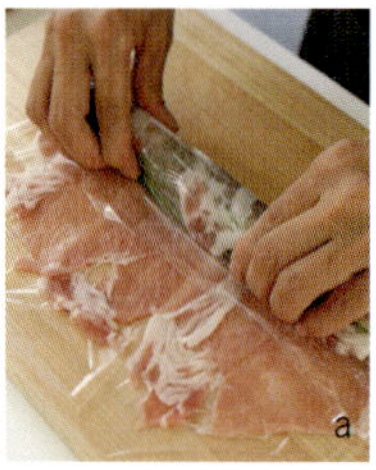

a

③ フライパンにサラダ油を中火で熱し、②を入れて転がしながらこんがり焼く。ペーパータオルで油をふき取り、混ぜ合わせたBを加えて照りが出るまで煮からめる。

④ ③を食べやすい長さに切って器に盛る。

豚肉と水菜のゆずこしょう煮

材料と作り方（２人分）

豚ロースしゃぶしゃぶ用肉 — 150g
水菜 — 200g
しめじ — １パック（100g）
A｜だし — 1½カップ
｜酒 — 大さじ１
｜しょうゆ — 大さじ½
｜ゆずこしょう — 小さじ１

① 水菜は５～６cm長さに切る。しめじは小房に分ける。

② 鍋にAを入れて中火にかけ、煮立ったら豚肉を入れてほぐしながらゆで、肉の色が変わったらザルに上げて水気をきる。

③ ②の鍋を中火にかけてアクを除き、水菜、しめじを加え、煮立ったら２～３分煮る。豚肉を戻し入れて温まるまで煮る。

豚ヒレ肉とにんにくの韓国風煮もの

材料と作り方（作りやすい分量）

豚ヒレかたまり肉 ── 400g
にんにく ── 6かけ
A｜しょうゆ ── 大さじ2
　｜みりん ── 大さじ1
青唐辛子（あれば）── 2〜3本

① 豚肉は4cm厚さに切る。にんにくは縦半分に切り、あれば芯を除く。

② 鍋に豚肉、にんにく、Aを入れ、フタをして強火にかける。煮立ったら強めの中火にし、ときどき上下を返しながら6〜7分煮て、あれば青唐辛子を加えて2〜3分煮て火を止め、10分以上おく。

＊青唐辛子を加えない場合は、作り方②で上下を返しながら8〜10分煮る。

えのきシューマイ

材料と作り方（2人分）

豚ももひき肉 ── 150g
えのきだけ ── 1袋（100g）
玉ねぎ ── 1/2個
片栗粉 ── 適量
B｜しょうゆ、酢、練り辛子
　｜── 各適量
A｜しょうがのすりおろし
　｜── 1かけ分
　｜酒、しょうゆ、ごま油
　｜── 各小さじ1
　｜砂糖 ── 小さじ1/2
　｜塩 ── 小さじ1/4

① 玉ねぎはみじん切りにし、耐熱皿に入れてラップをし、電子レンジで1分加熱する。粗熱を取ってペーパータオルで包み、水気を絞り、片栗粉大さじ1/2（分量外）をまぶす。

② ボウルにひき肉、Aを加え、その都度よく混ぜ、①を加えてさらに混ぜる。8等分して団子状に丸め、全体に片栗粉をまぶす。

③ えのきだけは長さを3等分に切ってほぐし、水大さじ1（分量外）をまぶす。適量を手のひらにとって②の肉団子をのせ、握るようにして肉団子の表面全体にくっつける。

④ 耐熱皿に③を並べてラップをし、電子レンジで8分加熱する。器に盛り、Bを添える。

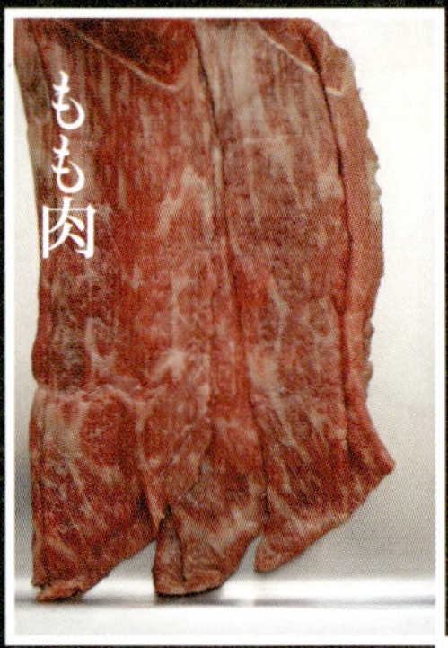

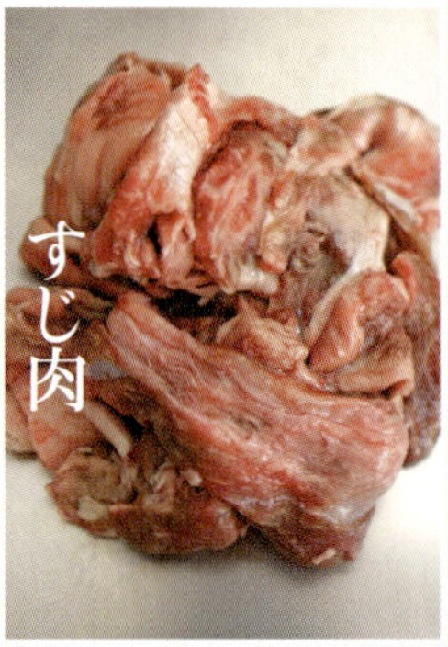

牛肉はもたれにくい赤身派になりました。

霜降りの肉が少しくどく感じられていたときに、仕事でおいしい赤身肉をいただく機会がありました。それ以来、肉のうまみがしっかり味わえる赤身派に。ヒレよりも手ごろなもも肉を使うことが多いですね。コラーゲンがとれるすじ肉もよく使います。まとめて2kgくらい下ゆでして、小分けにして冷凍しておいて、鍋ものに煮ものにとちょこちょこ使っています。

レタスときのこの牛しゃぶサラダ

材料と作り方（2人分）

牛もも薄切り肉 ── 150g

A｜酒 ── 大さじ1
　｜片栗粉 ── 大さじ½
　｜塩、こしょう ── 各少々

レタス（ざく切り）── 小1個
セロリ（斜め薄切り）── 1本
えのきだけ（ほぐす）── 1袋
長ねぎ ── 5cm

B｜にんにくのすりおろし ── 1かけ分
　｜オイスターソース ── 大さじ1½
　｜しょうゆ、酢、酒 ── 各大さじ1
　｜砂糖、ラー油 ── 各小さじ½

① 牛肉は5〜6cm長さに切り、Aをもみ込む。長ねぎはせん切りにして水にさらし、水気をきる。

② 小鍋にBを入れて中火にかけ、煮立ったら火を止める。

③ たっぷりの熱湯でレタス、セロリ、えのきだけの順にそれぞれさっとゆで、ザルに上げて水気をきる。同じ湯に牛肉を入れてほぐしながら肉の色が変わるまでゆで、ザルに上げて水気をきる。

④ 器に③を盛り、長ねぎをのせ、②をかける。

牛肉と玉ねぎ、もやしの蒸し焼き

材料と作り方（2人分）

牛もも焼き肉用肉 ── 200g

A｜にんにくのすりおろし ── 1かけ分
　｜しょうゆ ── 大さじ2
　｜酒、みりん ── 各大さじ1
　｜粉唐辛子、クミンパウダー
　｜　── 各小さじ½

玉ねぎ ── 2個
もやし ── 1袋
サラダ油 ── 大さじ½

① ボウルにAを混ぜ合わせる。別のボウルに牛肉を入れ、Aの⅓量を加えてもみ込む。

② 玉ねぎは5mm厚さの半月切りにする。

③ フライパンにサラダ油を中火で熱し、玉ねぎ、もやし、①の順に重ねて入れ、フタをして玉ねぎに火が通るまで5分ほど蒸し焼きにする。残りのAを加えて全体を炒め合わせる。

牛肉のしぐれ煮

材料と作り方（2人分）

牛もも薄切り肉 ── 200g
しらたき ── 200g
A　しょうがの薄切り ── 2かけ分
　　酒、水 ── 各大さじ3
　　砂糖 ── 大さじ1½
　　酢 ── 小さじ1
B　しょうゆ ── 大さじ2
　　みりん、はちみつ ── 各小さじ2

① 牛肉は5〜6㎝長さに切る。しらたきは食べやすい長さに切り、塩少々（分量外）でもみ、熱湯でさっとゆで、ザルに上げて水気をきる。

② 鍋にしらたきを入れて中火にかけ、しらたきがチリッとするまでから煎りし、取り出す。

③ ②の鍋にAを入れて中火にかけ、煮立ったら牛肉を加えてほぐしながら3〜4分煮て、牛肉を取り出す。

④ ③の鍋にBを加えて中火にかけ、少し煮詰め、牛肉を戻し入れてさっとからめる。牛肉を取り出して器に盛る。残った煮汁にしらたきを加えて中火にかけ、煮汁をからめ、牛肉に盛り添える。

牛肉のたたき　薬味おろし添え

材料と作り方（2人分）

牛ももステーキ用肉 ── 1枚（200g）
A　大根おろし ── 水気をきって1カップ
　　貝割れ菜 ── 1パック
　　万能ねぎ ── 5本
　　しょうゆ、レモンの搾り汁 ── 各小さじ1
塩 ── 小さじ½
粗びき黒こしょう ── 少々
オリーブオイル ── 小さじ1

① 牛肉は室温に20分ほどおいておく。

② Aの貝割れ菜は長さを3〜4等分に切る。万能ねぎは小口切りにする。ボウルにAを入れて混ぜる。

③ 牛肉に塩、粗びき黒こしょうをふる。フライパンにオリーブオイルを中火で熱し、牛肉を入れて強火で1分焼き、弱火にして1分〜1分30秒焼く。上下を返して同様に焼いて好みの加減に火を通す。取り出してアルミ箔で包み、10分ほどおく。

④ 牛肉を薄切りにして器に盛り、②をのせる。

牛肉と長ねぎのカレー煮

材料と作り方（2人分）

牛もも薄切り肉 ── 200g
長ねぎ ── 4本
A　しょうゆ、酒 ── 各大さじ2
　みりん ── 大さじ1
　カレー粉 ── 大さじ½
　砂糖 ── 小さじ1
　水 ── 大さじ3

① 牛肉は5～6cm長さに切る。長ねぎは長さを4等分に切る。

② 鍋にAを入れて中火にかけ、煮立ったら牛肉を加えてほぐしながら煮る。肉の色が変わったらアクを除き、長ねぎを加え、フタをして汁気がほとんどなくなるまで煮る。

牛すじ肉の塩煮

材料と作り方（作りやすい分量）

牛すじ肉 ── 500g
A　長ねぎの青い部分
　　── 1本分
　しょうがの皮 ── 1かけ分
　にんにく ── 2かけ
　白ワインまたは酒 ── 1カップ
だし ── 1½カップ
塩 ── 大さじ½

B　青じそ ── 20枚
　みょうが ── 3個
　長ねぎ ── 1本
　万能ねぎ ── ½束

a

b

① 牛肉はたっぷりの熱湯で2～3分ゆで（a）、水で洗って（b）食べやすい大きさに切る。

② 鍋にA、牛肉を入れ、かぶるくらいの水（分量外）を注いで強火にかけ、煮立ったら弱めの中火で牛肉がやわらかくなるまで60～90分煮る。

③ 別の鍋に②の牛肉を取り出して入れ、②のゆで汁1カップ、だし、塩を加えて中火にかけ、煮立ったら少し火を弱めて20分ほど煮る。

④ Bの青じそはせん切りにする。みょうがは薄切りにする。長ねぎは4～5cm長さのせん切りにする。万能ねぎは斜め薄切りにする。以上を混ぜ合わせる。

⑤ 器に③を盛り、④を添える。

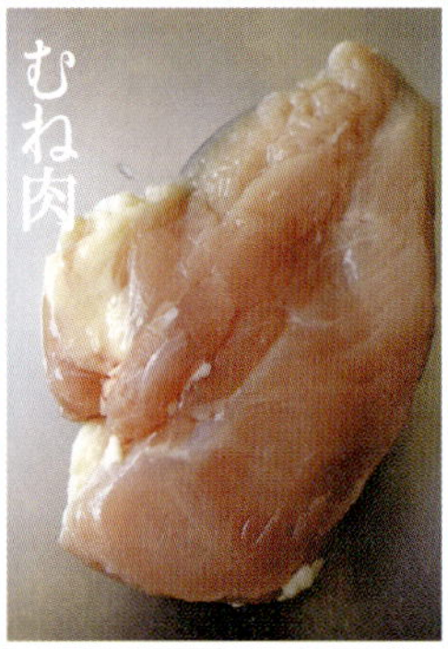

鶏肉は余分な脂が落ちるように調理します。

鶏肉の脂身の臭みが苦手なので、どの部位も皮目をしっかり焼いて、溶け出た脂をふき取ってから調理しています。こうすると臭みが取れるだけでなく、カロリーオフができるし、皮に多いコラーゲンは摂取できるしと、いいことずくめなんです。レバーは鉄分補給のために意識して食べるようにしています。

鶏肉の皮はカリカリにして、サラダのトッピングに。

鶏もも肉のから揚げ

材料と作り方（2人分）

鶏もも肉 ── 1枚（300g）
A｜練り辛子、酒 ── 各大さじ1
　｜塩 ── 小さじ$1/3$
片栗粉、揚げ油 ── 各適量

① 鶏肉は皮を除いて余分な脂を取り除き（a）、ひと口大のそぎ切りにする。ボウルに入れてAを加えてもみ込み（b）、10分ほどおく。

② ①に片栗粉を薄くまぶし、170℃に熱した揚げ油に入れて4～5分、こんがり揚げる。

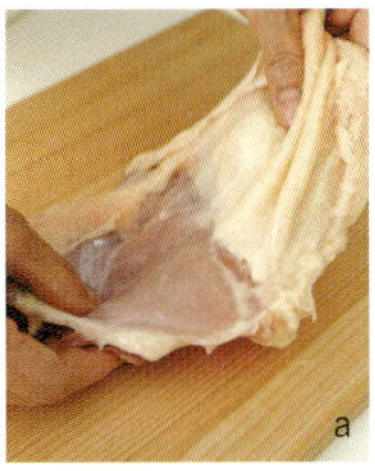

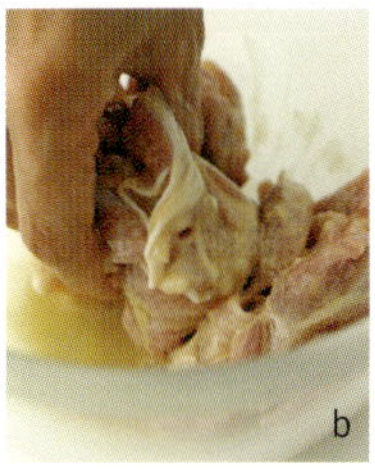

カリカリ鶏皮のトッピングの作り方

フライパンに鶏肉の皮1枚を広げ入れて中火にかけ、ヘラで押さえ、脂が出てきたらペーパータオルでふき取りながらカリカリになるまで両面を焼く。サニーレタスなど好みの野菜を器に盛り、鶏肉の皮を砕いて散らし、好みのドレッシングをかけると、手早く簡単サラダの出来上がり。

鶏手羽元のさっぱり煮

材料と作り方（2人分）

鶏手羽元 ── 6本
にんにく ── 4かけ
A｜酢 ── 大さじ3
　｜砂糖、酒、しょうゆ ── 各大さじ1
　｜水 ── ½カップ
サラダ油 ── 小さじ1
ゆで卵 ── 2個

① にんにくは半分に切り、あれば芯を除く。

② フライパンにサラダ油を中火で熱し、鶏肉を入れて全体に焼き色をつける。ペーパータオルで油をふき取り、にんにく、Aを加え、フタをしてほとんど汁気がなくなるまで20分ほど煮る。ゆで卵を加えて煮汁をからめる。

鶏ハムの香味野菜添え

材料と作り方（2人分）

鶏むね肉 ── 1枚
塩 ── 少々
A｜しょうがの薄切り ── 1かけ分
　｜酒、しょうゆ ── 各大さじ2
　｜砂糖 ── 小さじ2
　｜水 ── 1カップ
B｜みょうが（薄切り）── 1個
　｜青じそ（せん切り）── 5枚
　｜長ねぎ（せん切りにし、水にさらす）── 5cm
C｜片栗粉 ── 小さじ2
　｜水 ── 大さじ1⅓

① 鶏肉は室温に20分ほどおいてから、塩をすり込む。

② フライパンを強火で熱し、鶏肉を皮目からこんがり焼き、上下を返してさっと焼いて取り出す。直径18cmほどの厚手の鍋にAを入れて中火にかけ、煮立ったら鶏肉を入れて2分ほど煮る。火を止めて90分ほどおく。

③ 鶏肉を食べやすく切って器に盛り、Bを添える。残った煮汁は煮立ててCを加えてとろみをつけ、鶏肉にかける。

鶏肉のみそヨーグルト焼き

材料と作り方（２人分）

鶏むね肉 ── 小２枚
A｜プレーンヨーグルト、
　　みそ ── 各大さじ２
　｜しょうがのすりおろし ── １かけ分
クレソン ── １束

① 鶏肉に混ぜ合わせたＡをからめ、ラップでぴっちり包み、冷蔵庫に３〜４時間ほどおく。

② 鶏肉のみそをぬぐって、熱したグリルに入れて10分こんがり焼く。

③ ②を食べやすく切って器に盛り、クレソンを添える。

バンバンジー

材料と作り方（２人分）

鶏むね肉 ── １枚
A｜酒 ── 小さじ１
　｜塩、こしょう ── 各少々
きゅうり ── ２本
B｜長ねぎ（みじん切り）── ５cm
　｜しょうが、にんにくのみじん切り ── 各１かけ分
　｜練り白ごま ── 小さじ２
　｜しょうゆ ── 大さじ１
　｜酢 ── 小さじ２
　｜砂糖、ラー油 ── 各小さじ½

① 耐熱皿に鶏肉を入れてＡをすり込み、20分ほどおく。鶏肉に密着させてラップをし、さらにふんわりラップをかけ、電子レンジで３分加熱する。そのまま冷まし、食べやすく裂く。

② きゅうりは長さを３等分に切り、めん棒で叩いてひびを入れ、食べやすく割る。器にきゅうり、鶏肉を盛り、混ぜ合わせたＢをかける。

レバーの赤ワイン煮

材料と作り方（作りやすい分量）

鶏レバー ── 300g
A｜しょうがの薄切り ── 20g
　｜赤ワイン ── ½カップ
　｜にんにく（半分に切る）── １かけ
　｜はちみつ、しょうゆ ── 各大さじ1½

a

① レバーは水に10分ほどさらし（a）、脂や筋を除いてひと口大に切る。熱湯にレバーを入れて肉の色が変わるまでゆで、ザルに上げて水気をきる。

② 鍋にＡ、レバーを入れて火にかけ、煮立ったら中火で煮汁がほとんどなくなるまで煮る。

血液サラサラ、アンチエイジングには青魚、鮭がおすすめです。

一時期、起きても頭がスッキリしないことがあったのがきっかけで、血流をよくしようと青魚を積極的に食べはじめました。鮭は紅色の成分、アスタキサンチンのアンチエイジング効果を期待してのことです。からだが変わってきたのか、以前にも増して魚をおいしく感じるようになりました。

いわしのごま焼き

材料と作り方（2人分）

いわし（三枚におろしたもの）── 3尾
塩 ── 小さじ½
酒 ── 大さじ½
A｜小麦粉、水 ── 各大さじ½
いり白ごま ── 大さじ2
万能ねぎ ── 3本
大根おろし ── 水気をきって1カップ

① いわしは塩をふって10分以上おき、ペーパータオルで水気をふき取り、酒をからめる。いわしの皮目に混ぜ合わせたAを塗り、ごまをまぶす。熱したグリルに入れて7〜8分こんがり焼く。

② 万能ねぎは小口切りにし、大根おろしと混ぜる。

③ 器に①を盛り、②を添える。

さばの幽庵焼き

材料と作り方（2人分）

さばの切り身 ── 2切れ
A｜ゆずの輪切り ── 4枚
　｜しょうゆ ── 小さじ2
　｜酒、みりん ── 各小さじ1
しょうがの甘酢漬け ── 適量

① さばは皮目に十字に切れ目を入れる。バットにAを入れて混ぜ、さばを入れてからめ、1時間以上おく。

② さばの汁気を軽くふき取り、熱したグリルに入れて7〜8分こんがり焼き、漬け汁をかけて、再度汁気が乾くまでさっと焼く。

③ 器に②を盛り、しょうがの甘酢漬けを添える。

鮭とわけぎの しょうが蒸し

材料と作り方（２人分）

生鮭の切り身 ── ２切れ
塩 ── 小さじ½
酒 ── 大さじ½
しょうがのせん切り ── ２かけ分
わけぎ ── ４本
A｜ごま油、しょうゆ ── 各小さじ１
粗びき黒こしょう ── 少々

① 鮭は塩をふって10分以上おき、ペーパータオルで水気をふき取り、酒をからめる。わけぎは斜め薄切りにする。

② 耐熱皿に鮭を入れ、しょうが、わけぎを順に覆うようにのせ、ラップをして電子レンジで５分加熱する。

③ 器に盛り、混ぜ合わせたAをかけ、粗びき黒こしょうをふる。

さんまの ごぼう巻き揚げ

材料と作り方（２人分）

さんま（三枚におろしたもの）── ２尾
A｜しょうがの搾り汁、酒 ── 各小さじ１
　｜しょうゆ ── 大さじ½
ごぼう ── ½本
しょうゆ ── 小さじ１
小麦粉、揚げ油 ── 各適量
すだち ── ½個

① さんまは長さを半分に切る。バットにAを入れて混ぜ、さんまを入れてからめ、10分以上おく。

② ごぼうは５〜６㎝長さに切り、熱湯で７〜８分ゆでてザルに上げて粗熱を取る。めん棒で叩いて食べやすく裂き、しょうゆをまぶす。

③ さんまの汁気をペーパータオルでふき取り、小麦粉をまぶし、ごぼうを等分にのせて巻き、巻き終わりを爪楊枝でとめる。170℃に熱した揚げ油に入れて４〜５分こんがり揚げる。

④ 器に③を盛り、すだちを添える。

さばのマリネ

材料と作り方（２人分）

さばの切り身
　── ２切れ
塩 ── 小さじ１
A
- 黄パプリカ ── １個
- 紫玉ねぎ ── ¼個
- ローリエ ── １枚
- 白ワインビネガー、オリーブオイル
　── 各大さじ３
- はちみつ ── 小さじ１
- 塩 ── 小さじ¼
- こしょう ── 少々

① さばは食べやすく切り、塩をふって10分以上おき、さっと洗って水気をふき取る。Aのパプリカは細切りにする。紫玉ねぎは薄切りにする。

② 鍋にさば、Aを入れて20分ほどおく。強火にかけ、煮立ったら中火にして15分ほど煮る。

鮭とトマト、玉ねぎのチーズ焼き

材料と作り方（２人分）

生鮭の切り身 ── ２切れ
塩 ── 小さじ1/3
こしょう ── 少々
トマト ── １個
玉ねぎ ── 1/2個
サラダ油 ── 少々
白ワイン ── 大さじ２
ピザ用チーズ
── 40g
パセリのみじん切り
── 少々

① 鮭は塩をふって10分以上おき、水気をふき取り、こしょうをふる。トマト、玉ねぎは４等分の輪切りにする。

② フライパンにサラダ油を薄くひき、玉ねぎを２枚１組にして並べ、上にトマトを２枚１組にしてのせて塩、こしょうをふる。鮭を1切れずつのせ、白ワインをかけ、ピザ用チーズをのせる。

③ ②のフライパンを強火にかけ、蒸気が上がったら中火にしてフタをし、７〜８分蒸し焼きにする。器に盛り、パセリを散らす。

さばの竜田揚げ

材料と作り方（２人分）

さば（三枚におろしたもの）── 1/2尾
A | しょうがの搾り汁、酒 ── 各小さじ２
　| しょうゆ ── 大さじ１
　| カレー粉 ── 小さじ１
B | 片栗粉 ── 大さじ２
　| カレー粉 ── 小さじ１
揚げ油 ── 適量
サラダ菜 ── 10枚

① さばは骨を除いて1.5cm厚さのそぎ切りにし、Aをからめて10分ほどおく。汁気をふき取って混ぜ合わせたBをまぶす。

② 揚げ油を170℃に熱し、さばを入れて３〜４分こんがり揚げる。器に盛り、サラダ菜を添える。

あじのごまみそ煮

材料と作り方（２人分）

あじ ── ２尾
A｜練り白ごま、みそ ── 各大さじ２
｜酒 ── 大さじ３
｜砂糖 ── 大さじ1½
｜水 ── １カップ
しょうがの皮 ── １かけ分
しょうがのせん切り ── １かけ分

① あじは頭、内臓を除いてよく洗い、水気をふき取って長さを半分に切る。

② 鍋にAを入れて混ぜ、しょうがの皮を加えて中火にかける。煮立ったらあじを加え、アルミ箔などで落としブタをして、時々煮汁をかけながら15分ほど煮る。

③ 器にあじを盛り、鍋に残った煮汁を火にかけてとろみがつくまで煮詰めてかけ、しょうがをのせる。

さばのフィッシュミートソース

材料と作り方（２人分）

さば（三枚におろしたもの） ── ½尾
塩 ── 小さじ½
玉ねぎ ── ½個
水煮トマト缶 ── １缶（400g）
オリーブオイル ── 大さじ２
にんにくのみじん切り ── １かけ分
赤唐辛子（半分に切る） ── １本
アンチョビ ── ４枚
白ワイン ── 大さじ３
塩、こしょう ── 各適量
スパゲッティ ── 160g

① さばは塩をふって10分ほどおいて水気をふき取り、皮をはいで骨を除き、１cm角に切る。玉ねぎはみじん切りにする。トマトの水煮は細かくつぶす。

② フライパンにオリーブオイル、にんにく、赤唐辛子を入れて弱火にかけ、香りが立ったらアンチョビ、玉ねぎを加えて玉ねぎがしんなりするまで炒める。

③ さばを加えて炒め、表面の色が変わったら白ワインを加え、煮立ててアルコールをとばし、トマトの水煮を加えて５〜６分煮る。塩、こしょうで味を調える。

④ 塩大さじ１（分量外）を入れた1.6ℓの熱湯でスパゲッティを表示の時間より１分短くゆでて水気をきり、③に加えてあえる。

あじのなます

材料と作り方（2人分）

あじ（三枚におろしたもの）── 2尾
A｜塩 ── 小さじ2/3
　｜水 ── 1/2カップ
酢 ── 大さじ2
大根 ── 4cm
きゅうり ── 1/2本
たくあん ── 50g
しょうが ── 1かけ
青じそ ── 5枚
塩 ── 小さじ1/2
B｜酢 ── 大さじ1/2
　｜しょうゆ ── 小さじ1
　｜砂糖 ── 小さじ1/2
いり白ごま ── 適量

① あじは混ぜ合わせたAに30分ほど漬ける。水気をふき取って酢をふりかけ、2分ほどおき、骨を取り、皮を除き、7〜8mm厚さのそぎ切りにする。

② 大根、きゅうりは4cm長さの短冊切りにする。たくあん、しょうが、青じそは細切りにする。大根、きゅうりを混ぜ合わせ、塩をふって10分ほどおき、しんなりしたら、さっと洗って水気を絞る。

③ ボウルにBを入れて混ぜ、あじ、②を加えてあえる。器に盛り、ごまを散らす。

選ぶ決め手は、酸味のまろやかさ

いろんなお酢を試して、いまいちばん気に入っているのは「伝統醸造こめ酢」(p.95参照)。酸味が強すぎないので素材の味が生きるんです。梅干しは毎年漬けている自家製です。

酸っぱいもので疲れをスッキリ取ります。

Megumi's ADVICE

いわしの梅煮

材料と作り方（２人分）

いわし ── ４尾
梅干し ── ２個
しょうがの薄切り ── １かけ分

A
- 酒 ── 大さじ３
- 酢、みりん ── 各大さじ１
- しょうゆ ── 大さじ½
- 砂糖 ── 小さじ２
- 水 ── １カップ

① いわしは頭、内臓を除いてよく洗い、塩小さじ⅓（分量外）をふり、30分ほどおいて水気をふき取る。

② 鍋にA、いわしを重ならないように入れ、梅干し、しょうがをのせる。中火にかけて煮立ったら、アルミ箔などで落としブタをして、時々煮汁をかけながら20分ほど煮る。

焼きさばと香味野菜の南蛮漬け

材料と作り方（２人分）

さば（三枚におろしたもの）
── ½尾
塩 ── 小さじ½

A
- 赤唐辛子（小口切り）── １本
- だし、酢 ── 各½カップ
- 砂糖、しょうゆ ── 各大さじ２

B
- 万能ねぎ（５cm長さに切る）── ５本
- みょうが（薄切り）── ３個
- しょうがのせん切り ── １かけ分

① さばは骨を除いて1.5cm厚さのそぎ切りにし、塩をふって10分ほどおき、水気をふき取る。熱したグリルに入れて７～８分こんがり焼く。

② Aにさば、Bを加えて30分ほど漬ける。

焼き鮭と小松菜のだし浸し

材料と作り方（２人分）

甘塩鮭の切り身 ── ２切れ
小松菜 ── 200g

A
- だし ── ２カップ
- しょうゆ ── 小さじ２
- 塩 ── 小さじ１

① 鮭はひと口大のそぎ切りにする。熱したグリルに入れて６～７分こんがりと焼く。小松菜は塩少々（分量外）を入れた熱湯でさっとゆで、ザルに上げて水気をきり、５cm長さに切る。

② 鍋にAを入れて中火にかけ、煮立ったら鮭、小松菜を加えてさっと煮る。

Megumi's SELECTION

ネックピロー

バスソルト

使い捨てカイロ

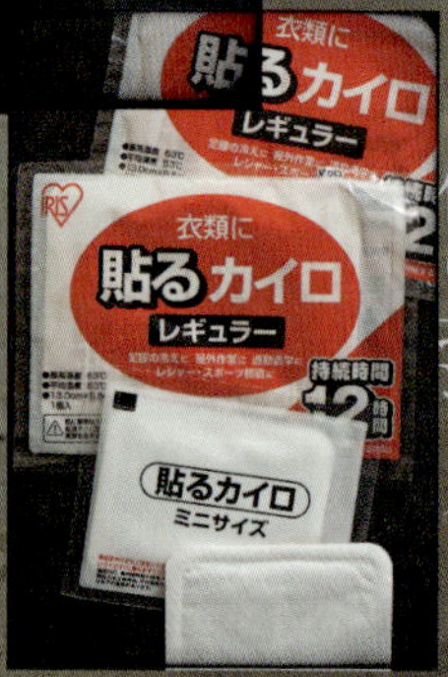

肩こり、冷えは つらくなる前に 解消します

仕事柄、頭を下に向けて包丁を使う姿勢が長いせいか、首と肩のこりがつらくてつらくて……。ストレッチやウォーキングをすすめられるのですが、大の運動嫌いなので続かないんです(笑)。解消法としてたどり着いたのが、バスソルトを入れた入浴とネックピローです。まず、好きな香りのバスソルトを入れたお風呂に、血流がよくなるように首までつかります。香りのリラックス効果もあって、かなりこりがとれます。ネックピローは留め具を外して棒状にして、首に当てて寝ます。普通の枕にくらべて、頭の重さを首で支えなくてすむのがいいみたいです。

冷えも、放っておくとこりやだるさにつながるので気をつけています。ひどくならないうちに、使い捨てカイロをおへその下と尾骨のあたりに貼るとからだがポカポカ温まります。生理痛がつらいときにもおすすめです。

お問い合わせ先

(上) イラ　バスソルト　クレンジング 500g　8,640円／(問) PLUS　0120-86-4485

(左) フィットするネッククッション　1,760円／(問) 無印良品 池袋西武　TEL 03-3989-1171

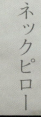

Part III

サビないからだを作る！野菜のおかず

人には活性酸素を除去してからだのサビを防ぐ機能がありますが、
加齢やストレスによって、その働きが追いつかなくなることも。

年齢を重ねてもからだをサビさせずに、はつらつと日々を過ごしたい。
高血圧など生活習慣病も予防したい。

シンプルで作りやすくて、量がたっぷり食べられて、
何度食べても飽きのこない野菜のおかずをご紹介します。

緑黄色野菜、淡色野菜。それぞれのよさを生かして

とにかく野菜が大好きなので、我が家の食卓に
野菜のおかずがのぼらない日はありません。
緑黄色野菜は、外食ではとりにくい青菜が中心。
1種類の野菜をシンプルに煮浸しやあえもので
たっぷり食べるのが定番です。
とはいえ、忙しいときにいちいちゆでるのは
めんどうなので、買って来たらすぐに
青菜なら2束くらいまとめて塩ゆでして
冷蔵庫にストックしておきます。
2%くらいの濃いめの塩分でゆでるのが私流。
こうしておくとザクザク切ってレモンを搾るだけで
あっという間に1品ふえてとっても便利。
ブロッコリーなどはそのままでも
すごくおいしいし、食べ飽きません。
調味を薄めにして、煮浸しなどにも使っています。
淡色野菜はカリウムの多いもやし、大根など
白い野菜が好き。 余分なナトリウムを排出する
カリウムが、むくみ予防に役立っています。

豆苗と鶏ささ身の梅鍋

材料と作り方（2人分）

豆苗 ── 2袋（600g）
鶏ささ身 ── 150g
A 梅干し ── 3個
　だし ── 3½カップ
　みりん、酒 ── 各大さじ1
　しょうゆ ── 小さじ1
　塩 ── 小さじ½

① ささ身はひと口大のそぎ切りにする。

② 鍋にAを入れて中火にかけ、煮ながら梅干しをほぐす。煮立ったらささ身、豆苗を加えて煮ながらいただく。

鍋もの

緑黄色&淡色野菜

クレソンとまぐろの鍋

材料と作り方（2人分）

クレソン、まぐろ（刺し身用さく）
　── 各150g

A｜だし ── 3カップ
　｜しょうゆ ── 大さじ3
　｜酒、みりん ── 各大さじ1

わさび ── 適量

① クレソンは長さを半分に切る。まぐろは3㎝角に切る。

② 鍋にAを入れて中火にかけ、煮立ったらまぐろ、クレソンを加えてさっと煮る。好みでわさびをつけていただく。

小松菜と豚肉のしゃぶしゃぶ鍋

材料と作り方（2人分）

小松菜 ── 200g
豚ロースしゃぶしゃぶ用肉
　── 150g

A｜昆布 ── 10㎝
　｜酒 ── 大さじ4
　｜水 ── 3½カップ

B｜大根おろし ──
　｜　水気をきって½カップ
　｜ポン酢しょうゆ ── ½カップ
　｜豆板醤 ── 小さじ½〜1

① 鍋にAを入れて1時間以上おく。

② 小松菜は5㎝長さに切る。①を中火にかけ、煮立ったら豚肉、小松菜を好みの量を加えながら煮て、混ぜ合わせたBをからめていただく。

せりとかじきのみそ鍋

材料と作り方（2人分）

せり ── 200g
かじきの切り身 ── 2切れ
だし ── 3½カップ

A｜しょうがのすりおろし
　｜　── 2かけ分
　｜みそ ── 大さじ3
　｜酒、みりん ── 各大さじ1

七味唐辛子 ── 適量

① せりは4〜5㎝長さに切る。かじきは2㎝幅の棒状に切る。

② 鍋にだしを入れて中火にかけ、煮立ったらAを加えてみそを溶かす。再び煮立ったらせり、かじきを加えて煮ながら七味唐辛子をふっていただく。

ニラと牛肉の エスニック鍋

材料と作り方（2人分）

牛もも薄切り肉 ── 200g
ニラ ── 1束
ミニトマト ── 1パック
A｜顆粒鶏ガラスープの素 ── 小さじ1
　｜水 ── $3\frac{1}{2}$カップ
　｜ナンプラー ── 大さじ2
　｜砂糖、酢 ── 各大さじ1
　｜赤唐辛子（半分に切る）── 2本
　｜にんにく（半分に切る）── 1かけ
　｜しょうが（薄切りにする）── 1かけ
香菜 ── 2〜3株

① 牛肉とニラは5〜6cm長さに切り、香菜は葉を摘み、5〜6cm長さに切る。

② 鍋にAを入れて中火にかけ、煮立ったら牛肉、トマト、ニラを加えて香菜を薬味にして煮ながらいただく。

青梗菜と豚ひき肉の ごま鍋

材料と作り方（2人分）

青梗菜 ── 4株
豚ひき肉 ── 150g
酒 ── 大さじ2
A｜顆粒鶏ガラスープの素 ── 小さじ1
　｜水 ── 3カップ
B｜しょうが、にんにくのみじん切り
　｜　── 各2かけ分
　｜練り白ごま、すり白ごま、酢
　｜　── 各大さじ2
　｜みそ ── 大さじ$1\frac{1}{2}$
　｜砂糖 ── 小さじ$\frac{1}{2}$
ラー油 ── 大さじ$\frac{1}{2}$

① 青梗菜は長さを2〜3等分に切り、根元は縦4〜6つ割りにする。

② 鍋にひき肉、酒を入れて混ぜ、中火にかけてひき肉がポロポロになるまでいりつける。Aを加え、煮立ったらアクを除き、5〜6分煮る。

③ ②にBを加えて混ぜ、煮立ったら青梗菜、ラー油を加えて煮ながらいただく。

おろしかぶと かきの豆乳鍋

材料と作り方（2人分）

かぶ ― 5個
かぶの茎 ― 1株分
かき ― 150g
だし ― 2カップ
A | 豆乳 ― 1カップ
　| 酒 ― 大さじ1
　| 塩 ― 小さじ1

① かぶはすりおろす。かぶの茎は3〜4㎝長さに切る。かきは塩少々（分量外）を入れた水で洗い、水気をきる。

② 鍋にだし、かぶを入れて中火にかけ、煮立ったらアクを除いて2〜3分煮る。Aを加え、再び煮立ったらかき、かぶの茎を加えて煮ながらいただく。

水菜と鶏肉の甘辛鍋

材料と作り方（２人分）

水菜 ── 200g
鶏むね肉 ── １枚
塩 ── 少々
A | だし ── 3½カップ
　| しょうゆ、みりん ── 各大さじ３
サラダ油 ── 小さじ½
七味唐辛子 ── 適量

① 水菜は５～６㎝長さに切る。
② 鶏肉は塩をすり込む。フライパンにサラダ油を中火で熱し、鶏肉を皮を下にして入れてこんがり焼き色がつくまで焼き、上下を返してさっと焼く。取り出してひと口大のそぎ切りにする。
③ 鍋にAを入れて中火にかけ、煮立ったら水菜、鶏肉を加える。煮ながら好みで七味唐辛子をかけていただく。

大根おろしと豆腐の鍋

材料と作り方（２人分）

大根おろし ── ½本分
木綿豆腐 ── １丁
わけぎ ── ４本
A | だし ── ２カップ
　| みりん ── 大さじ１
　| 塩、しょうゆ ── 各小さじ１

① わけぎは小口切りにする。豆腐は奴に切る。
② 鍋にAを入れ、豆腐を加えて入れる。中火にかけ、煮立ったら大根おろしを加えて煮て、再び煮立ったらわけぎを加える。

大根おろしで胃腸を整えて

胃腸がスッキリして体調がいいので、大根おろしは、毎日たっぷりいただきます。皮の近くに炭水化物や脂肪の代謝を促す酵素が多いので、皮付きで粗めにおろすのが好みです。

セロリと油揚げとあおさの鍋

材料と作り方（2人分）

セロリ —— 2本
油揚げ —— 1枚
あおさ —— 5g
A｜だし —— 3カップ
　｜塩、しょうゆ —— 各小さじ1

① セロリは斜め薄切りにする。油揚げはさっとゆでて水気をきり、ひと口大に切る。あおさはさっと水にくぐらせ、水気を絞る。

② 鍋にAを入れて中火にかけ、煮立ったらセロリ、油揚げ、あおさを加えて煮ながらいただく。

長ねぎとあさりの鍋

材料と作り方（2人分）

長ねぎ —— 2本
あさり（砂抜きしたもの）—— 300g
A｜昆布 —— 10cm
　｜酒 —— 大さじ3
　｜水 —— 3カップ
しょうゆ —— 少々

① 長ねぎは縦半分に切り、斜め薄切りにする。あさりは3%の塩（分量外）を入れた水に60分ほど浸してさらに砂抜きする。

② 鍋にA、あさりを入れて中火にかけ、あさりの口が開いたらしょうゆ、長ねぎを加えて煮ながらいただく。

白菜キムチとえびの鍋

材料と作り方（2人分）

白菜キムチ —— 200g
殻つきえび —— 8尾（150g）
えのきだけ —— 大1袋（200g）
煮干し —— 20g
水 —— 3½カップ
みそ —— 大さじ1

① 鍋に煮干しを入れ、香ばしく炒りつけ、水を加え煮立ったら弱火で10分煮て濾す。

② 白菜キムチはざく切りにする。えのきだけは長さを半分に切ってほぐす。えびは殻をむいて背に切れ目を入れて背ワタを除く。

③ 鍋に①を入れ、煮立ったら白菜キムチを入れ、みそを溶き入れる。えのきだけ、えびを加えて煮ながらいただく。

おかひじきときゅうりのサラダ

材料と作り方（２人分）

おかひじき ── 100g
きゅうり ── ２本
A　しょうがのみじん切り ── 1かけ分
　白ワインビネガー、オリーブオイル ── 各大さじ1
　しょうゆ ── 小さじ1/2
　塩 ── 少々

① おかひじきは熱湯でさっとゆで、ザルに上げて水気をきり、食べやすい長さに切る。きゅうりはひと口大の乱切りにする。

② ボウルにAを入れて混ぜ、おかひじき、きゅうりを加えてあえる。

トマトのナムル

材料と作り方（２人分）

トマト ── ２個
万能ねぎ ── １本
A　にんにくのすりおろし ── 少々
　ごま油 ── 小さじ1
　塩、しょうゆ ── 各小さじ1/4

① トマトはひと口大に切る。万能ねぎは斜め薄切りにする。

② ボウルにAを入れて混ぜ、トマトを加えてあえる。器に盛り、万能ねぎをのせる。

クレソンの塩昆布あえ

材料と作り方（２人分）

クレソン ── 100g
A　塩昆布（細切りのもの） ── ふたつまみ
　ごま油 ── 小さじ1

① クレソンは葉と茎に分け、茎は斜め薄切りにする。

② ボウルにクレソン、Aを入れてあえる。

小松菜と油揚げの煮浸し

材料と作り方（2人分）

小松菜 ── 200g
油揚げ ── 1枚
A｜だし ── 1½カップ
　｜しょうゆ ── 小さじ1
　｜塩 ── 小さじ⅓

① 小松菜は4〜5㎝長さに切る。油揚げは熱湯でさっとゆで、ザルに上げて水気をきる。粗熱が取れたら1㎝幅に切る。

② 鍋にA、油揚げを入れて火にかけ、煮立ったら中火で2〜3分煮る。小松菜を加えてさらに2〜3分煮て火を止め、5分ほどおいて味をなじませる。

あしたばの白あえ

材料と作り方（2人分）

あしたば ── 150g
しょうゆ ── 小さじ1
木綿豆腐 ── ⅓丁
A｜練り白ごま ── 小さじ2
　｜砂糖、しょうゆ ── 各小さじ½
　｜塩 ── 小さじ⅕

① あしたばは熱湯でゆでて水に取り、水気を軽く絞って3㎝長さに切り、しょうゆをまぶす。豆腐はペーパータオルで包んで10分ほどおいて水気をきる。

② ボウルに豆腐、Aを入れてゴムベラで豆腐をつぶしながら混ぜ、あしたばの水気を絞り、あえる。

ほうれん草とにんじんのお浸し

材料と作り方（2人分）

ほうれん草 ── 200g
にんじん ── ⅓本
A｜だし ── 大さじ4
　｜しょうゆ ── 大さじ½
刻みのり ── 少々

① にんじんはせん切りにする。塩少々（分量外）を入れた熱湯でにんじんをさっとゆで、ザルに上げて水気をきる。同じ湯にほうれん草を入れて色よくゆで、水に取り、水気を絞って4㎝長さに切る。

② ほうれん草は、混ぜ合わせたA大さじ1をからめ、水気を絞る。残りのAでほうれん草、にんじんをあえる。器に盛り、のりをのせる。

サブおかず
緑黄色&淡色野菜

セロリの塩きんぴら

材料と作り方（2人分）

セロリ ── 1本
オリーブオイル ── 小さじ1
A | みりん ── 小さじ1
　| 塩 ── 小さじ1/4

① セロリは筋を除いて5cm長さの薄切りにする。

② フライパンにオリーブオイルを中火で熱し、セロリを入れて炒め、全体に油が回ったらAを加えてからめる。

きゅうりの明太子あえ

材料と作り方（2人分）

きゅうり ── 2本
辛子明太子 ── 1腹
A | 酒 ── 小さじ1/2
　| しょうゆ ── 少々

① きゅうりはめん棒で叩いてひびを入れ、手でひと口大に割る。辛子明太子は薄皮を除く。

② ボウルに辛子明太子、Aを入れて混ぜ、きゅうりを加えてあえる。

玉ねぎのサラダ

材料と作り方（2人分）

玉ねぎ ── 1個
A | しょうゆ、酢、ごま油
　| ── 各小さじ1
粗びき黒こしょう ── 少々

① 玉ねぎは薄切りにして水にさらし、ザルに上げて水気をきる。

② ボウルにAを入れて混ぜ、玉ねぎを加えてあえる。器に盛り、粗びき黒こしょうをふる。

もやしの ごまみそあえ

材料と作り方（2人分）

もやし ── 1袋（200g）

A
- すり白ごま ── 大さじ1
- だしまたは水 ── 大さじ½
- みそ ── 小さじ1
- ごま油 ── 小さじ½

① もやしはひげ根を除き、塩少々（分量外）を入れた熱湯でさっとゆで、ザルに上げて水気をきる。

② ボウルにAを入れて混ぜ、もやしを加えてあえる。

キャベツとホタテの さっと煮

材料と作り方（2人分）

キャベツ ── 300g

ホタテ缶 ── 1缶（190g）

A
- しょうがのせん切り ── 1かけ分
- 酒 ── 大さじ1
- しょうゆ ── 大さじ½

① キャベツはひと口大に切る。ホタテは粗くほぐす。缶汁はとっておく。

② 鍋にキャベツ、ホタテ、缶汁、Aを入れてフタをして中火にかけ、キャベツがしんなりするまで煮る。

水菜と湯葉の わさび風味煮浸し

材料と作り方（2人分）

水菜 ── 200g

生湯葉 ── 100g

だし ── 1½カップ

しょうゆ ── 小さじ1

練りわさび ── 小さじ1～2

塩 ── 小さじ½

① 水菜は5㎝長さに切る。湯葉はひと口大に切る。

② 鍋にすべての材料を入れて中火にかけ、水菜がしんなりするまで煮る。

ブロッコリーの塩蒸し

材料と作り方（2人分）

ブロッコリー ── 1株

A
- 塩 ── 小さじ1/3
- 水 ── 大さじ2

① ブロッコリーは小房に分け、水に2～3分ほどさらし、水気をきる。

② 鍋にブロッコリーを入れて、混ぜ合わせたAをかける。フタをして中火にかけ、蒸気が上がったら1分ほど蒸し煮にする。

かぼちゃのレモン蒸し

材料と作り方（2人分）

かぼちゃ ── 1/6個

A
- レモンの輪切り ── 3枚
- はちみつ ── 大さじ1
- 塩 ── 少々
- 水 ── 大さじ3

① かぼちゃはひと口大に切り、さっと洗い、水気をきる。

② 鍋にかぼちゃを入れ、混ぜ合わせたAをかける。フタをして中火にかけ、蒸気が上がったら5分ほど蒸し煮にする。

ズッキーニのカレー蒸し

材料と作り方（2人分）

ズッキーニ ── 1本

A
- オリーブオイル ── 小さじ2
- カレー粉 ── 小さじ1/2
- 塩 ── 小さじ1/4
- 水 ── 大さじ1

① ズッキーニは1cm厚さの輪切りにする。

② 鍋にズッキーニを入れ、混ぜ合わせたAをかける。フタをして中火にかけ、蒸気が上がったら1分ほど蒸し煮にする。

ピーマンと玉ねぎのオイスターソース蒸し

材料と作り方（２人分）

ピーマン ── ４個
玉ねぎ ── 1/2個
A | オイスターソース ── 大さじ1/2
　| しょうゆ、水 ── 各小さじ１
　| ごま油 ── 小さじ1/2

① ピーマン、玉ねぎは縦半分に切り、横１cm幅に切る。
② 鍋にピーマン、玉ねぎを入れ、混ぜ合わせたAをかける。フタをして中火にかけ、蒸気が上がったら1分ほど蒸し煮にする。

パプリカとじゃがいものオレガノ蒸し

材料と作り方（２人分）

赤パプリカ、じゃがいも
　── 各1個
オレガノ ── 小さじ1/2
A | オリーブオイル ── 小さじ１
　| 塩 ── 小さじ1/3
　| こしょう ── 少々
　| 水 ── 大さじ１

① パプリカは２cm四方に切る。じゃがいもは２cm角に切り、さっと洗い、水気をきる。
② 鍋にパプリカ、じゃがいもを入れ、オレガノ、混ぜ合わせたAをかける。フタをして中火にかけ、蒸気が上がったら３分ほど蒸し煮にする。

アスパラとミニトマトのオイル蒸し

材料と作り方（２人分）

グリーンアスパラガス
　── ４本
ミニトマト ── 10個
A | オリーブオイル、水 ── 各小さじ１
　| 塩 ── 小さじ1/4
　| こしょう ── 少々

① アスパラガスはかたい皮をむいて長さを半分に切る。
② 鍋にアスパラガス、ミニトマトを入れ、混ぜ合わせたAをかける。フタをして中火にかけ、蒸気が上がったら1分ほど蒸し煮にする。

キャベツのベーコン蒸し

材料と作り方（2人分）

キャベツ —— 300g
ベーコン —— 4枚
A
- 塩 —— 小さじ1/3
- こしょう —— 少々
- 水 —— 大さじ1

① キャベツはざく切りにする。ベーコンは2cm幅に切る。

② 鍋にキャベツ、ベーコンを入れ、混ぜ合わせたAをかける。フタをして中火にかけ、蒸気が上がったら2分ほど蒸し煮にする。

にんじんのピリ辛蒸し

材料と作り方（2人分）

にんじん —— 1本
A
- みそ、酒 —— 各小さじ1
- 豆板醤 —— 小さじ1/3
- 水 —— 大さじ1

① にんじんは長さを2〜3等分に切ってせん切りにする。

② 鍋ににんじんを入れ、混ぜ合わせたAをかける。フタをして中火にかけ、蒸気が上がったら1分ほど蒸し煮にする。

レタスのマスタード蒸し

材料と作り方（2人分）

レタス —— 1個
A
- 粒マスタード —— 大さじ1/2
- オリーブオイル —— 小さじ1
- 塩 —— 小さじ1/4
- 水 —— 大さじ1

① レタスはざく切りにする。

② 鍋にレタスを入れ、混ぜ合わせたAをかける。フタをして中火にかけ、蒸気が上がったら1分ほど蒸し煮にする。

白菜の じゃこポン酢蒸し

材料と作り方（2人分）

白菜 ── 300g
ちりめんじゃこ、
　ポン酢しょうゆ ── 各大さじ3

① 白菜は5〜6cm長さ、1cm幅の棒状に切る。

② 鍋に白菜を入れ、ポン酢しょうゆをかけ、ちりめんじゃこを散らす。フタをして中火にかけ、蒸気が上がったら3分ほど蒸し煮にする。

もやしの 梅蒸し

材料と作り方（2人分）

もやし ── 1袋（200g）
A｜梅干し ── 1個
　｜しょうゆ、みりん ── 各小さじ1
　｜ごま油 ── 小さじ½

① Aの梅干しは種を除いて叩く。

② 鍋にもやしを入れ、混ぜ合わせたAをかける。フタをして中火にかけ、蒸気が上がったら1分ほど蒸し煮にする。

大根の おかか蒸し

材料と作り方（2人分）

大根 ── 10cm
大根の茎 ── 1本
A｜削り節 ── 2袋（6g）
　｜しょうゆ ── 小さじ2
　｜みりん ── 小さじ1
　｜水 ── 大さじ2

① 大根は1cm厚さのいちょう切りにする。大根の茎は小口切りにする。

② 鍋に大根、大根の茎を入れ、混ぜ合わせたAをかける。フタをして中火にかけ、蒸気が上がったら5分ほど蒸し煮にする。

Megumi's SELECTION

5本指ソックス

加圧ソックス

足下のケアでむくみを予防します

料理の仕事は基本、立ち仕事。6〜7時間立ちっぱなしはあたり前です。1日の仕事を終えると、ふくらはぎがパンパンに張ってむくんでいるのがはっきりわかります。これに足下からの冷えが加わると、むくみが増すばかりでなく、鼻などにアレルギー症状が出てしまうのが悩みでした。

むくみ予防にいいと聞いて履きはじめたのが、ドラッグストアで入手したノーブランドの加圧ソックス。これが大アタリで、暖かいし長時間の立ち仕事でもぐんとむくみにくくなりました。

ただ難点は、夏には少々蒸れること。そこで、人からのすすめもあってはじめたのが、シルクの5本指ソックスです。5本指ソックスの上に木綿のソックスを重ね履きするのですが、厚すぎないのに冷えから守ってくれるすぐれ物でした。しっかりガードしたいときは、5本指ソックスを履いた上に加圧ソックスを重ね履きして愛用しています。

お問い合わせ先

（上）ワイルドシルク レッグウォーマー　2,200円、（下右）絹のつま先靴下（ネイビー）　600円（下左）、絹の薄地5本指靴下（白）　950円／問　ケユカ 青山店　TEL 03-6419-7961

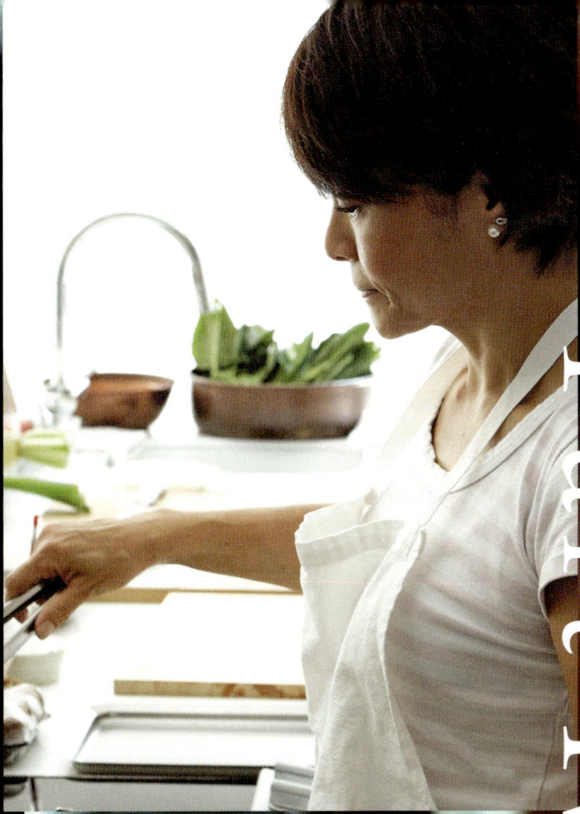

Part Ⅳ

時間がなくても

我が家の朝食は、ネバネバ食材や海藻、緑黄色野菜のシンプルなおかずを
2～3品、これに卵や納豆などのたんぱく質のおかず、ごはんが定番です。

きちんと食べる!

ただ、品数が多いので、時間がないときや食欲が出ないときは
パパッと作れて食べやすいワンボウルごはんにします。

ワンボウル

ワンボウルでも、不足しがちな食材を使って栄養が整うようにしています。
ひとりのときの昼食や、遅くなったときの軽めの晩ごはんにもおすすめです。

ごはん

納豆とモロヘイヤの卵のっけごはん

材料と作り方（2人分）

納豆 ── 2パック
納豆の付属のタレ
（またはしょうゆ小さじ1）
── 1袋
モロヘイヤ ── 1袋（100g）
卵黄 ── 2個
押し麦入りごはん（下記参照）
または白米ごはん
── 240g
しょうゆ ── 適量

① 納豆はタレを加えて混ぜる。モロヘイヤは葉をつんで、塩少々（分量外）を入れた湯でゆで、水気をきる。冷めたら水気を絞り、細かく叩く。

② 器にごはんを盛り、モロヘイヤ、納豆、卵黄をのせ、しょうゆをかける。

豆腐とオクラと桜えびのっけごはん

材料と作り方（2人分）

絹ごし豆腐 ── 1丁
オクラ ── 6本
桜えび ── $1/3$カップ
ごま油、塩 ── 各少々
押し麦入りごはん（下記参照）
または白米ごはん ── 240g

① 豆腐はペーパータオルに包み、5分ほどおいて水気をきる。オクラは塩少々（分量外）を入れた熱湯でゆで、細かく叩く。桜えびはフライパンに入れ、中火で香ばしくから煎りする。

② 器にごはんを盛り、豆腐、オクラ、桜えびをのせ、ごま油をかけ、塩をふる。

押し麦入りごはんの炊き方

食物繊維が豊富な押し麦を入れたごはんです。白米2合に対して押し麦1合が我が家流。
押し麦はさっと洗ったら（a）、水気をきり、洗った白米と合わせて（b）、白米のときと同じ水加減で炊きます。

ゴーヤーチャンプルーのっけごはん

材料と作り方（2人分）

ゴーヤー ── 1/2本
塩 ── 小さじ1/2
オリーブオイル ── 大さじ1/2
A ｜しょうゆ ── 小さじ1
　｜砂糖 ── 小さじ1/2
　｜塩 ── 小さじ1/3
削り節 ── 2袋（6g）
溶き卵 ── 2個分
押し麦入りごはん（p.90参照）
　または白米ごはん ── 240g

① ゴーヤーは種とワタを除いて端から薄切りにする。塩をふって10分以上おき、しんなりしたら洗って水気を絞る。

② フライパンにオリーブオイルを中火で熱し、ゴーヤーを入れて炒め、しんなりしたらAを加えてからめるように混ぜる。削り節を加え、溶き卵を回し入れて半熟状に炒める。

③ 器にごはんを盛り、②をのせる。

ほうれん草の卵とじのっけごはん

材料と作り方（2人分）

ほうれん草 ── 150g
しらす干し ── 大さじ2
溶き卵 ── 2個分
A ｜だし ── 3/4カップ
　｜みりん ── 大さじ1
　｜片栗粉 ── 小さじ2
　｜しょうゆ ── 小さじ1
　｜塩 ── 小さじ1/3
押し麦入りごはん（p.90参照）
　または白米ごはん ── 240g

① ほうれん草は塩少々（分量外）を入れた熱湯で色よくゆでて水に取り、水気を絞って3㎝長さに切る。

② 直径20㎝ほどのフライパンにA、しらす干し、ほうれん草を入れて中火にかけて混ぜながら煮て、煮立ったら溶き卵を回し入れて半熟状に火を通す。

③ 器にごはんを盛り、②をのせる。

かぶと豆乳のうどん

材料と作り方（2人分）

かぶ ── 3個
かぶの茎 ── 100g
だし ── 1½カップ
A｜しょうゆ ── 小さじ1
　｜塩 ── 小さじ½
豆乳 ── 1½カップ
冷凍うどん ── 2玉
すり白ごま ── 大さじ3

① かぶは6〜8等分のくし形に切る。かぶの茎は塩少々（分量外）を入れた湯でさっとゆで、水気をきって小口切りにする。

② 鍋にだし、かぶを入れて中火にかけ、煮立ってから5〜6分煮る。冷凍うどんを加え、再び煮立ったらA、豆乳を加え、温まるまで煮る。器に盛り、ごま、かぶの茎を散らす。

えのきとあおさの卵とじうどん

材料と作り方（2人分）

えのきだけ ── 1袋（100g）
あおさ ── 5g
卵 ── 2個
A｜だし ── 4カップ
　｜しょうゆ ── 小さじ2
　｜塩 ── 小さじ1
冷凍うどん ── 2玉

① えのきだけは長さを半分に切ってほぐす。あおさはさっと洗って水気を絞る。卵は溶きほぐす。

② 鍋にA、えのきだけを入れて中火にかけ、煮立ったら冷凍うどんを加え、再び煮立ったら溶き卵を回し入れる。卵がふんわりして浮いてきたらあおさを加え、火を止める。

押し麦と
きのこの雑炊

材料と作り方（２人分）

押し麦 ── 45g
セロリ、長ねぎ ── 各½本
しいたけ ── ４枚
えのきだけ ── １袋（100g）
だし ── ３カップ
A｜しょうゆ ── 小さじ１
　｜塩 ── 小さじ½

① 押し麦はさっと洗い、水気をきる。セロリ、しいたけは１cm角に切る。長ねぎは粗いみじん切りにする。えのきだけは１cm長さに切る。

② 鍋に押し麦、セロリ、しいたけ、長ねぎ、えのきだけ、だしを入れて中火にかけ、煮立ったらアクを除き、弱めの中火で10分ほど煮て、Aを加える。

押し麦とブロッコリーの
クリームスープ雑炊

材料と作り方（２人分）

押し麦 ── 45g
玉ねぎ ── ½個
ブロッコリー ── ½株
ウインナーソーセージ ── ４本
A｜白ワイン ── 大さじ１
　｜水 ── １カップ
B｜牛乳 ── 1½カップ
　｜コーン缶（クリームタイプ）── 小½缶（95g）
C｜塩 ── 小さじ½
　｜こしょう ── 少々

① 押し麦はさっと洗い、水気をきる。玉ねぎはみじん切りにする。ブロッコリーは小房に分ける。ソーセージは１cm厚さの輪切りにする。

② 鍋に押し麦、玉ねぎ、ブロッコリー、ソーセージ、Aを入れて中火にかけ、煮立ったらアクを除いてさらに10分ほど煮る。Bを加えて温まるまで煮て、Cをふる。

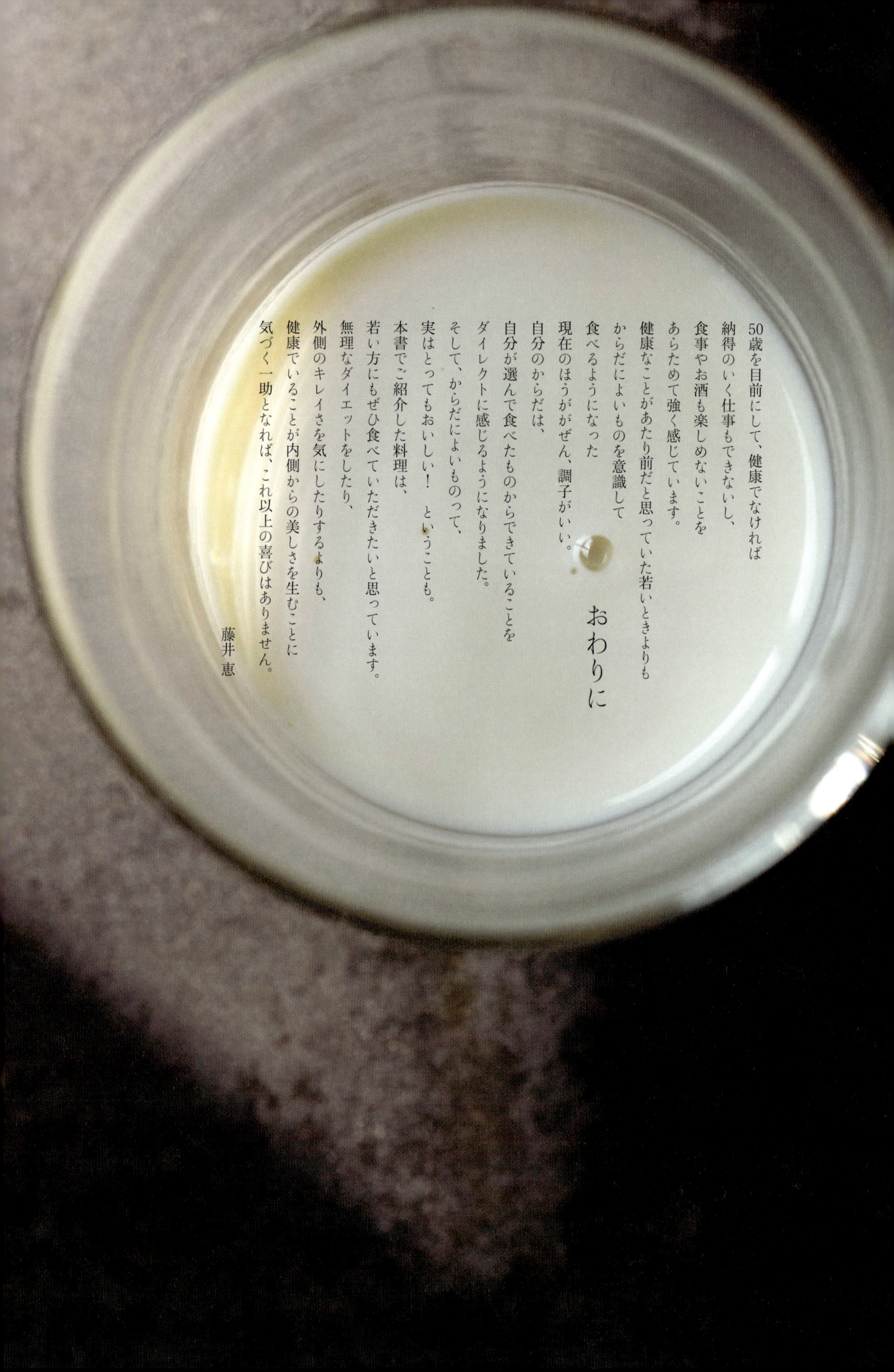

おわりに

50歳を目前にして、健康でなければ
納得のいく仕事もできないし、
食事やお酒も楽しめないことを
あらためて強く感じています。
健康なことがあたり前だと思っていた若いときよりも
からだによいものを意識して
食べるようになった
現在のほうががぜん、調子がいい。
自分のからだは、
自分が選んで食べたものからできていることを
ダイレクトに感じるようになりました。
そして、からだによいものって、
実はとってもおいしい！　ということも。
本書でご紹介した料理は、
若い方にもぜひ食べていただきたいと思っています。
無理なダイエットをしたり、
外側のキレイさを気にしたりするよりも、
健康でいることが内側からの美しさを生むことに
気づく一助となれば、これ以上の喜びはありません。

藤井 恵

藤井 恵
おすすめ!

調味料お取り寄せリスト

毎日からだに取り入れるものだから、できるだけ良質なものを選びたい。
素材の味を引き立て、味の決め手となる調味料にはとくにこだわっています。
一度使いはじめたらそのおいしさ、香りの深さにきっと驚くはず。
日々のお料理にぜひ取り入れてみてください。
(価格は2015年11月現在。税抜き表示)

安藤醸造
《十年さいしこみ生搾りイ号醤油》

水の代わりに醤油で仕込む「さいしこみ」の手法をくり返し行い、とろりとした色と濃厚な香りが特徴の生醤油。クール便で発送。

内容量／360mℓ
定価／1,300円
問 TEL 0187-53-2008

丸正酢醸造元
《伝統醸造こめ酢》

もち玄米で500日かけて醸す「こもかぶり仕込み」。玄米くろ酢と古式醸造手づくりの純米酢をブレンド。甘酒や本みりんで調味したナチュラルな味わいが特徴。

内容量／700mℓ
定価／1,350円
問 TEL 0735-52-0038

入江豊三郎本店
《トモエ印本味醂》

国産のもち米と米麹、焼酎を原料にした手作業による自然製法。深い味わいと上品な甘みが特徴。

内容量／1.8ℓ
定価／1,020円
問 0120-37-2013

九鬼産業
《九鬼ヤマシチ純正胡麻油》(左)
《九鬼芳醇胡麻油》(右)

厳選したごまをほどよく煎り上げ、まろやかな香りと味わいが特徴の家庭用ごま油(左)。グアテマラ産白ごまを使用した香ばしい風味の仕上げ用油(右)。

内容量／340g(左)・105g(右)
定価／640円(左)・440円(右)
問 0120-50-1158

安藤醸造
《イ号味噌》

皮をむいた大豆と麹を使い、米麹の割合は少なく、甘み抑えめ。バランスよく深い旨み、上品な香りが際立つ一品。クール便で発送。

内容量／300g
定価／750円
問 TEL 0187-53-2008

藤井　恵（ふじい・めぐみ）

女子栄養大学卒業。ヘルシーでおいしく、作りやすいレシピで人気の料理研究家、管理栄養士。腸内環境を整え、めぐりのいいからだを作る食事で体調絶好調。本書では、ふだんの藤井家の食卓を存分に再現。おしゃれなライフスタイルにも注目が集まり、テレビ、雑誌、イベントなどでも活躍。

デザイン　天野美保子
撮影　木村 拓（東京料理写真）
スタイリング　大畑純子
編集協力　こいずみきなこ
編集　三宅礼子
校正　株式会社円水社

撮影協力　UTUWA　TEL 03-6447-0070

からだが喜ぶ！
藤井恵のおうちごはん

発行日　2015年12月 5 日　初版第1刷発行
　　　　2017年10月15日　　　第6刷発行

著者　藤井　恵
発行者　井澤豊一郎
発行　株式会社世界文化社
〒102-8187　東京都千代田区九段北 4-2-29
TEL 03-3262-5118（編集部）
TEL 03-3262-5115（販売部）
印刷・製本　凸版印刷株式会社

ISBN 978-4-418-15333-6